Todo acerca de la Reencarnación

Todo acerca de la Reencarnación

Leyendas, creencias, teorías y experiencias personales

Robert Parish

Grupo Editorial Tomo, S. A. de C. V.
Nicolás San Juan 1043
03100 México, D. F.

1a. edición, noviembre 2006.

All About Reincarnation
Robert Parish

P.O. Box 1123, Hod Hashram 45111, Israel

Nicolás San Juan 1043, Col. Del Valle
03100 México, D.F.
Tels. 5575-6615, 5575-8701 y 5575-0186
Fax. 5575-6695
http://www.grupotomo.com.mx
ISBN: 970-775-237-8
Miembro de la Cámara Nacional
de la Industria Editorial No 2961

Traducción: Ana María Martín del Campo
Formación tipográfica: Rafael Rutiaga C.
Diseño de portada: Trilce Romero
Supervisor de producción: Leonardo Figueroa

Impreso en México - *Printed in Mexico*

Introducción

¿Hay vida después de la muerte? Esta pregunta no es fácil, especialmente cuando existen personas que también se preguntan: ¿hay vida antes de la muerte?

A pesar de la paradoja del cuestionamiento mismo, resulta que desde la antigüedad, la humanidad ha creído en la idea de una continuidad después de la muerte —o reencarnación.

En la actualidad, también existen cientos de millones de personas que creen que existe una razón específica por la que nacieron, por la que vivieron en un lugar determinado, y por la que les sucedieron o les dejaron de suceder ciertos acontecimientos. El concepto de la reencarnación hace que el significado de la vida sobre la Tierra sea aún más profundo.

¿Qué es el fenómeno de la reencarnación? ¿Qué significa?

Desde el inicio de la humanidad, el hombre ha tratado de abordar el fenómeno llamado muerte y definir lo que conocemos como el alma. Durante las eras más antiguas, las llamadas tribus "primitivas" enterraban a sus muertos ataviados de manera fastuosa, los adornaban con joyas y los proveían de utensilios y alimentos como preparación para la vida después de la muerte.

Muchos filósofos, científicos, intelectuales y escritores que dejaron huella en la cultura humana, fundamentaron sus teorías filosóficas en la idea de la reencarnación. Éstos incluyen a Platón, Pitágoras, Dante, Schopenhauer, Emerson, Nietzsche y Jung.

En 1989 se realizó una encuesta internacional en 12 países europeos. Alrededor del 25% de todos los protestantes y católicos testificaron que creían en el concepto de la reencarnación. Esto es a pesar del hecho de que esas religiones no aceptan, de manera oficial, ni la idea ni la creencia de la reencarnación.

En 1991 se efectuó una investigación que reveló que 58 millones de estadunidenses creían en la reencarnación.

Este concepto antiguo y nuevo constituye la base del significado de la vida sobre la Tierra.

Las personas que habitaron la Tierra en tiempos remotos contemplaban con asombro las fuerzas de la naturaleza. Observaban el sol y los otros cuerpos celestes, el cambio de las estaciones, el día y la noche, el crecimiento y la desintegración, el flujo y el reflujo, la lluvia, el granizo, las tormentas, los relámpagos, los terremotos y las erupciones volcánicas. Las fuerzas aterradoras de la naturaleza que controlaban sus vidas: el sol, la luna, el agua, el fuego, el aire y la tierra, se convirtieron en temas de culto y en rituales religiosos. A través de las generaciones, a medida que los seres humanos fueron evolucionando y empezaron a percatarse cada vez de la realidad, el misterio del nacimiento y de la muerte perturbaba continuamente su sentimiento de tranquilidad. Como todas las otras criaturas que los rodeaban, los seres humanos estaban involucrados en una lucha interminable por sobrevivir, sin embargo, eran diferentes a todos los otros seres, en cuanto a que ellos *sabían* que al final de su vida, morirían y desaparecerían.

Los antiguos dedicaron mucho tiempo y recursos al tema de la muerte. Hace cincuenta mil años, los seres humanos se complacían en conducir ceremonias de entierros muy elaboradas. A los jefes de las tribus se les enterraba con sus vestimentas, además de varios artefactos, alimentos y flores. Las personas que acompañaban al difunto en su último trayecto, se preocupaban por el bienestar de su alma. Creían que en el otro mundo, del otro lado, tendrían que conseguir sus alimentos. Ése era el primer paso de la humanidad para poder escaparse y separarse del mundo de los animales. Creían que los muertos, de alguna manera recobrarían la vida, en el mundo de los espíritus o en el mundo físico.

Los antiguos creían que tenían un alma que los acompañaría a través de todas sus vidas. Vinculaban al alma con la respiración, la cual se detenía al momento de morir. En latín, la palabra *anima* (alma) significa respiración o aliento. Una de sus hipótesis consistía en que el alma era una especie de copia de la persona, una parte pasiva que lo acompañaba durante toda su vida. Algunas personas, en un esfuerzo por ubicar al alma, determinaron que ésta residía en el aura que rodea al cuerpo humano. Otros afirmaban que el alma acompañaba a la persona como si fuera una sombra o un reflejo, o de manera alternativa, que residía en los genitales.

Al concepto de la reencarnación se le dio un sesgo práctico en una conferencia que se ofreció en Gran Bretaña en la década de 1890:

Si una persona siente que lo que sufre en esta vida, sin ninguna culpa propia, sino que sólo puede ser el resultado de sus acciones anteriores, podrá soportar sus sufrimientos con más resignación, a manera de un deudor que está pagando una antigua deuda. Si además sabe que en esta vida, puede, en realidad, depositar capital moral para el futuro, entonces tendrá una motivación para actuar con bondad, lo que no lo hace más interesado de lo que debía estar. La creencia de que ninguna acción, buena o mala, se pierde, es la misma ideología que se da en el mundo moral que presume que la conservación de la fuerza está en el mundo físico.

Max Müller, *Three Lectures on the Vedanta Philosophy* (1894).

El momento de la muerte

Se han dado numerosas tentativas para explicar lo que sucede al momento de la muerte. La chispa de la vida que desaparece, se ha definido como alma. Algunas personas creían que el alma se parece a la polilla, a una mariposa o a algún otro organismo con alas, que abandona al cuerpo humano para irse al mundo del espíritu. El lugar por donde el alma "deja" el cuerpo es la boca. Esta suposición se ha reforzado por lo que se conoce como "el suspiro de la muerte", o el último aliento, que es tan característico de los seres humanos en el momento en que su vida se acaba ("exhalan su alma").

En muchas culturas se aceptaba la creencia de que el alma abandonaba el cuerpo en forma de serpiente. En Australia se presumía que sólo los chamanes o curanderos, cuando morían, se convertían en serpiente, que era ¡el símbolo de la medicina!, mientras que en otras regiones se creía que todos los seres humanos se volvían serpientes o gusanos.

Las serpientes de todo tipo se identificaban con el alma y el proceso de la muerte. En general se opinaba que las lagartijas y los reptiles eran deidades de la muerte que tenían mucho poder. La serpiente tiene también una connotación sexual. Esto se debe a su forma y a su tendencia a arrastrarse y a entrar en aguas profundas o cavidades en la tierra, que en esencia son similares a los genitales. En África, la serpiente representaba al alma externa como el vástago de la familia real. La serpiente constituía una parte esencial de ciertas ceremonias y rituales que tenían como fin bendecir a personas determinadas. Por otra parte, la muerte de la serpiente ceremonial también presagiaba la muerte fehaciente de algún líder, y, como resultado, la pérdida de los poderes de reproducción de toda la tribu. Dicho evento representaba una verdadera crisis.

El alma en forma de serpiente.

El siguiente pasaje expresa la ideología birmana:

Cuando una persona muere, su alma se queda, su "Yo" sólo cambia de alojamiento... Vuelve a nacer entre nosotros, y con frecuencia, hasta puede reconocer su nueva morada. Nunca deberíamos olvidar esto, nunca deberíamos dudar de que es una realidad, así se ha estipulado, que muchos pueden recordar algo de sus vidas anteriores. Para un birmano esta creencia no es una simple teoría, sino una realidad como lo es todo lo que pueden percibir. ¿O acaso no se ven diariamente a personas que están enteradas de sus vidas anteriores? Además, ¿no es que uno mismo, a veces vislumbra vagamente su vida pasada? Tal parece que nadie prescinde de ella, sin embargo, para algunos es más nítida de lo que lo es para otros. Así como al anochecer narramos historias de fantasmas y visiones, así ellos, cuando termina el trabajo diario, susurran relatos de reencarnaciones; sólo que ellos creen más en los fantasmas, mucho más de lo que nosotros creemos en ellos... Los birmanos te dirán que muchos niños recuerdan sus vidas pasadas... Conforme crecen, sus recuerdos se extinguen gradualmente y llegan a olvidarlos, pero para los niños esas remembranzas son muy lúcidas... Ésta es la convicción común de las personas... El ser humano tiene un alma que pasa de una vida a otra vida, como un viajero que va de posada en posada, hasta que al fin termina en el cielo. Sin embargo, no es sino hasta que logre llegar al cielo en su corazón, cuando arribará al cielo en realidad.

H. Fielding Hall, *The Soul of a People* (1905).

Los antiguos también identificaban al mundo de los árboles con el proceso de la vida y de la muerte. Se creía que los árboles eran el centro del universo porque tenían raíces dentro de la tierra y ramas que se extendían hacia el firmamento. Por esta razón, simbolizaban el puente del alma entre lo que estaba arriba y lo que estaba abajo.

En Europa prevalecían creencias que vinculaban de manera estrecha al alma con el aliento, con las nubes del cielo o con los pájaros. Por ejemplo, los escoceses creían en la necesidad de mantener la ventana abierta en la habitación de un moribundo, para facilitar así la salida del alma. En otros países se opinaba que el alma se convertía en una nube o en una paloma.

En última instancia era completamente natural que, a lo largo de la historia, dichas conjeturas y costumbres condujeran a la creencia de que después de la muerte, el alma se desplazaba hacia otro cuerpo. De hecho, esta ideología constituye el fundamento de la reencarnación.

El antiguo Egipto

Los antiguos egipcios creían en dos aspectos del estado consciente, conocidos como el "ka" (el que certifica o el testigo): el "ka" espiritual —el testigo santo y espiritual—, y el intermediario físico "ka" —el testigo permanente—. Durante la vida de una persona, "el testigo permanente" está implícito en la conciencia del instinto animal de la persona. En el momento de la muerte, se une al "ka" espiritual y logra la liberación. Después de la muerte si el "ka" físico no obedece al "ka" espiritual, es posible que se despliegue una situación que lo obligue a someterse a procesos correctivos en otros mundos, semejantes a los que se dan en la Tierra.

Según los antiguos egipcios, el "ka" físico tenía un ego y una apetencia constante por los placeres de este mundo, mientras que el "ka" espiritual aspiraba a liberarse desde el momento del nacimiento. En las descripciones egipcias de la vida en el mundo futuro, el individuo buscaba su "ka" eterno para poder lograr la vida eterna. Un ego fuerte atraería a un nuevo cuerpo y crearía una vida nueva y más vigorosa, sin embargo, al afirmarlo, se distanciaría cada vez más del mando del "ka" espiritual. No obstante, dicho fenómeno lo exponía a expresarse en una vida que era propicia para que lo dominara el aspecto físico y el hambre de poder, en vez de los logros espirituales, la sensibilidad y la obediencia a los impulsos espirituales. En tales casos, existía el peligro de que el "ka" espiritual se retirara por completo y dejara la conciencia del "ego" a lo que se conoce como "una segunda muerte", vida en el reino animal, vegetal o mineral. Este estado continuaría hasta que se le diera otra oportunidad al alma.

Los egipcios cimentaban toda su cultura en la creencia de la reencarnación. Como resultado, crearon, en su tiempo, una religión importante y poderosa. Además, esta ideología también contribuyó a la creación de una enorme riqueza de arquitectura mística y simbólica, así como a innumerables obras de arte que reflejan sus convicciones y nos hablan, hasta la actualidad, de sus dioses eternos. Estos dioses "sopesan" al alma después de la muerte. El poder y la belleza de las antiguas creencias egipcias nos siguen asombrando, inclusive en la era moderna en la que vivimos.

En el mito de Osiris —el dios de la muerte— la creencia en la reencarnación tuvo un gran apoyo. La mitología egipcia cuenta con un gran número de deidades, entre ellas Osiris, Isis, Horus y Set, quien funcionaban en diversos niveles. En realidad, el mito se anclaba en las raíces de una sociedad agrícola, que dependía de la naturaleza cíclica de las aguas del río Nilo, las cuales anegaban sus riberas y proporcionaban una tierra fértil a los habitantes de la Tierra; era un mito astronómico que se comparaba a la ubicación y movimientos de las estrellas, en especial, la salida anual del astro Syrius, un mito político que representaba las relaciones entre las regiones del Alto Egipto y del Bajo

Egipto, que originalmente estaban separadas, y en los principios espirituales nítidos que se originaron en el simbolismo, cuyo centro era la reencarnación del dios.

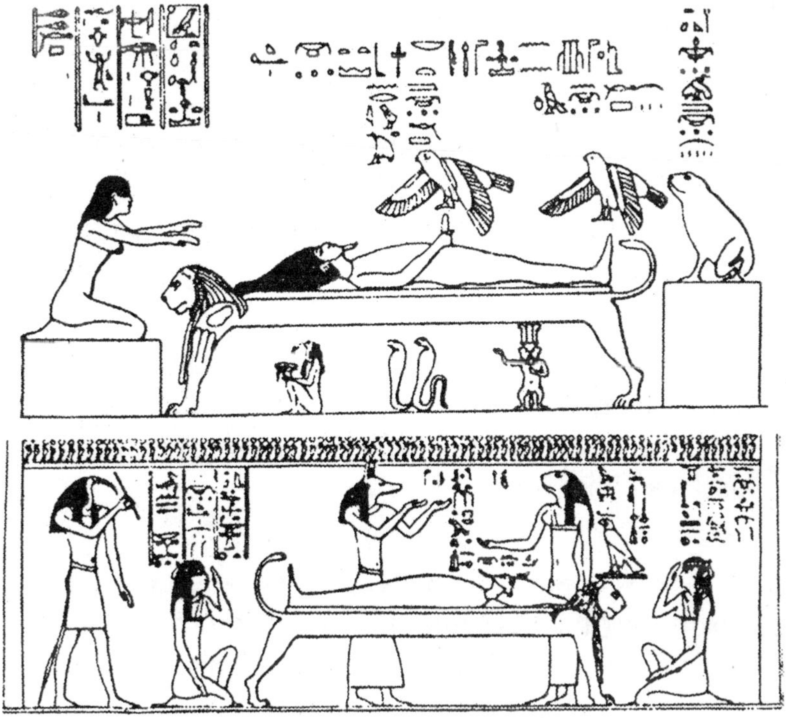

Isis invocando a Horus junto al cuerpo de Osiris (arriba). Anubis resucita el cuerpo de Osiris (abajo). Ilustraciones de los rituales egipcios de los muertos.

En el culto faraónico se utilizaba un ritual complejo en el cual cada faraón era, de hecho, una encarnación de Horus. Su función era observar la ley, que tenía como símbolo a la diosa Maat. Según la creencia, cuando uno de los faraones dejaba este mundo, se reunía con Osiris en el otro mundo. Su sucesor se convertía en una nueva encarnación —des-

Según el *Sangiti Sutta* de Buda, existen cuatro modalidades de nacimiento y cada una indica el grado de conciencia que se obtuvo en vidas anteriores:

Hermanos, en este mundo, uno empieza a existir en el vientre materno sin saberlo, permanece en él sin estar enterado, y sale del vientre materno sin percatarse; éste es el primero.

Hermanos, uno empieza a existir en el vientre materno con conocimiento, permanece en él sin estar enterado, y sale de él sin percatarse; éste es el segundo.

Hermanos, uno empieza a existir en el vientre materno con conocimiento, permanece en él de manera consciente, y sale de él sin percatarse; éste es el tercero.

Hermanos, en este mundo, uno empieza a existir en el vientre materno con conocimiento, permanece en él de manera consciente, y sale de él a sabiendas; éste es el cuarto.

Según cita del libro de W.Y. Evans-Wentz, *The Christian Doctrine of Rebirth* (1921).

cendiente de Horus y "pariente" de Osiris e Isis. Por lo tanto, el mito era doble. El faraón difunto se convertía de Horus a Osiris, mientras que, de manera simultánea, el heredero al trono se convertía en el hijo de Horus. Es fácil comprender la forma en que este proceso está en paralelo al nacimiento, la muerte y la reencarnación.

Osiris era el símbolo y el que hacía que el Nilo fuera fértil, la tierra era el cuerpo de Isis, mientras que Horus era la atmósfera. Set tenía un simbolismo dual. Era enemigo de Osiris, Isis y Horus. Era el principio divisor entre el tiempo y el intelecto y, por lo tanto, el que destruía la vida.

Para ellos, cuando el alma se reencarnaba, la muerte era el único resultado posible, después de la cual se daba la reencarnación.

El *Libro de los muertos* egipcio

El *Libro de los muertos* egipcio es uno de los libros más antiguos que existen en el mundo. Es una obra muy compleja que contiene más de cien capítulos. Es probable que la información se haya transmitido de manera oral durante varias generaciones antes de que se pusiera por escrito. El libro se escribió en jeroglíficos durante la quinta dinastía y se ornamentó con ilustraciones maravillosas.

Como la mayor parte de la literatura egipcia, se suponía que el libro era para que los reyes lo leyeran. El libro es una serie de comunicaciones con el "ka" del faraón difunto, para cerciorarse de su identificación con Osiris y de su viaje a la región de los muertos en donde se liberaría o renacería. El mensaje del libro es de transformación: las personas no son lo que son ni pueden llegar a serlo. Tienen en ellos una chispa divina y este destello tiene que ser el fundamento de sus vidas futuras. La lucha de los dioses es como un símbolo del conflicto que se da en cada uno de nosotros durante el transcurso de nuestra vida según el núcleo sagrado —el alma que está dentro de nosotros—. De hecho, el libro es una especie de guía para el "ka" y explica a las almas incorpóreas el proceso que las hará eternas.

En el Japón, la ideología budista se expresaba de la siguiente manera:

Uno de los atractivos especiales de la enseñanza budista era su interpretación sencilla e ingeniosa de la naturaleza. Muchas cuestiones que el sintoísmo nunca trató de explicar... el budismo las expuso en detalle... Las explicaciones de los misterios del nacimiento, la vida y la muerte, eran a la vez un consuelo para las mentes puras, y un gran desconcierto para las conciencias erróneas. Enseñaba que los difuntos eran felices o infelices, no debido directamente a la atención o al descuido que les brindaban los vivos, sino debido a su conducta anterior, mientras estuvieron en su cuerpo... El hecho de morir no consistía en volver a plasmarse en la naturaleza, sino en reencarnarse.

Un hombre... que entonces era enfermizo y pobre, era así porque en alguna existencia anterior había sido sensual y egoísta. Una mujer que era feliz con su esposo y sus hijos, era así porque en otra vida había sido una hija cariñosa y una esposa fiel; otra era detestable y estéril, porque en una vida anterior había sido una esposa desconfiada y una madre cruel... Si los padres de la joven con la que esperabas casarte, te rechazaron y se la entregaron a otro, quizá fue porque alguna vez, en otra vida, alguien era tu prometida y tú rompiste el compromiso. Fue dolorosa la pérdida de tu hijo, mas esta pérdida se debía a que en una vida anterior te rehusaste a dar afecto a quien lo merecía. Estás lisiado debido a un accidente, y ya no puedes ganarte la vida como antes; sin embargo, esto realmente se debe al hecho de que en una vida anterior, sin motivo alguno, causaste a alguien un daño corporal.

Lafcadio Hearn, *Japan. An Attempt at Interpretation* (1904).

Los símbolos psicológicos de los rituales egipcios tienen cierto parecido a los que surgieron más tarde en religiones como el hinduismo, el budismo y hasta en el cristianismo. Los sucesos de nuestra vida se pesan y se juzgan en el momento después de la muerte. Este juicio sirve de base para la vida futura. Los remanentes de la vida anterior pasan a la siguiente como asuntos que tenemos que abordar.

Esta mitología ubica el proceso cósmico de la reencarnación en una perspectiva amplia y valiosa.

[illegible]
[illegible]
[illegible]
[illegible]
[illegible]
[illegible]
[illegible]

[illegible]
[illegible]

Maya y Samsara

La reencarnación constituye un principio básico de la religión y de la filosofía budista.

Las almas individuales se encarnan a través de universos que se conocen como *yogas*. Todo se crea y después se destruye, sólo para volver a ser creado. La vida es una rueda o círculo en todos los niveles. El dios Visnú, el creador, participa en el proceso reiterativo y progresivo durante el cual, él mismo muere y recibe un nuevo cuerpo. Visnú se encarna y hace que el universo se materialice de nuevo. En esta creación, la fuerzas satánicas, cuya principal función es oponérsele, también irrumpen en el espacio del universo. Hacen todo lo posible por dominarlo y estropear el mundo que él ha creado. Aunque esto parezca un proceso negativo, esta lucha entre las fuerzas opuestas es, en realidad, un proceso natural del universo.

El Bracmán/Atmán son los componentes de la conciencia o conocimiento universal que se reflejan en la diosa Maya.

La meta suprema de la filosofía y de la religión hindú es el poder penetrar en el misterio del universo y custodiar la unidad del mundo espiritual y eterno del Atmán. Este mundo existe más allá de las fronteras del tiempo y de lo visible.

El Jiotman en el elemento decisivo del conocimiento o conciencia, y pertenece a los seres que integran el universo, pero gracias a una ilusión cósmica, parece estar separado del Bracmán/Atmán. Jiotman está en dirección paralela a lo que llamamos el alma.

El alma viene del Bracmán/Atmán, pero está separado de éste por la ilusión de la diosa Maya. El Atmán es inalterable, pues se ubica más allá del tiempo y del espacio. El objetivo del esclarecimiento (Muksha) es ascender más arriba de la ignorancia (Abidia) que separa al Jiotman y al Atmán. En el nivel personal, el objetivo es cambiar el corazón de un estado de vinculación con el cuerpo y con el mundo físico, por encima y más allá de la falta de perfección humana, hasta la meta anhelada: poder elevarse más arriba de sus actos y de su existencia.

El alma es eterna, pero lleva consigo al Jiveh —la ilusión de que está separada del Atmán—. Así es como fue y así es como será, a no ser que el alma alcance el verdadero esclarecimiento. Entonces saldrá del ciclo del nacimiento, muerte y reencarnación. Hay almas que siempre han existido. Algunas veces nacen en el cuerpo de un hombre y otras en el cuerpo de una mujer. Cada ego constituye una unidad psicológica-física que tiene un alma. Esta alma no tiene conciencia ni del pasado ni de su vínculo con otras almas. El ego o yo individual es sólo una expresión temporal del Atmán o alma inmortal.

Tanto la mitología como la doctrina del hinduismo expresan la posibilidad de que el cosmos se inició en el Atmán, que buscaba la salvación. El kama es el dios hindú del amor y, como Eros, el dios del amor en la mitología griega, fue el primero que nació de los dioses después de Caos. Él controla los dominios de la lujuria-deseo (kama-laka) y realiza los principios de la satisfacción. Las personas que olvidan el "yo individual" permanecen atadas a esta dimensión y están destinadas a un viaje eterno alrededor del círculo de la rueda del Samsara. Ésta es la rueda del tiempo que gira alrededor del coito, la concepción, el nacimiento, la vida, la vejez, e inevitablemente la muerte.

Después de la muerte pasamos por diversas dimensiones, empezando con la espiritual, la dimensión nebulosa, y después a través de una serie de "paraísos" e infiernos, hasta que llegamos a la dimensión misma que nos atrae y en la que se nos da la oportunidad de realizar nuestros anhelos no cumplidos, aquellos que traemos desde nuestra vida anterior. El proceso es lento, puesto que todos preferimos cambiar, en vez de continuar realizando los mismos deseos, hayamos o no tenido éxito en el pasado.

Por ejemplo, una persona que es compulsiva en el ámbito del sexo no quedará satisfecha con ninguna cuantía de experiencias sexuales, sin importar lo numerosas que sean. Esto se debe a que su deseo se ubica mucho más allá de la fantasía o ilusión de la sexualidad. De esta manera, queda atrapada eternamente en las redes de Maya.

En la India, las personas se identifican demasiado con las castas sociales. Esta posición social rígida también se refleja en la idea de la reencarnación. Las posibilidades de versatilidad son mínimas. El único camino hacia la libertad es la destrucción de todas las ideologías que se refieren a los dioses, todos los pensamientos o ideas del Dharma (el camino de la justicia). La cualidad más elevada es vivir en un estado de esclarecimiento continuo.

Existen algunas personas que creen que no todas las almas se encarnan en el mismo grado. Los seres superiores y más realizados tienen la capacidad de encarnarse con mayor frecuencia. El objetivo: aprender tantas enseñanzas como sea posible. Otras almas se encarnan con menor frecuencia, si es que en modo alguno lo hacen. No tienen ninguna conciencia de las posibilidades. Este método origina metas espirituales que en última instancia resultan en una percepción que cree en la existencia de muchos ámbitos y "paraísos", cada uno de los cuales tiene su propia jerarquía compleja, sus leyes y sus características.

Debido a la continuidad eterna del alma, los cumpleaños no tienen importancia en el Tíbet:

Para la gente, la fecha del nacimiento de su rey (el Dalai Lama) no es importante. Él representa en su persona el regreso a la Tierra del Chenrezi, el dios de la Gracia, uno de los miles de budas vivientes que renunciaron a su nirvana para poder ayudar a la humanidad... Entre nosotros, por lo general, aunque erróneamente, se cree que cada reencarnación se lleva a cabo en el momento de la muerte del predecesor. Esto no coincide con la doctrina budista, que afirma que pueden pasar años antes de que el dios deje una vez más el ámbito del cielo y vuelva a tomar la forma de hombre.

Heinrich Harrer, *Seven Years in Tibet* (1954).

El descubrimiento de encarnaciones previas

La información relacionada con encarnaciones previas puede provenir de diversas fuentes: los sueños, las fantasías, el Reiki, o hasta la psicoterapia, etc. El uso de un mapa astrológico es otra de las formas que ayudan a dilucidar esta clase de experiencia, como lo es el estudio de los nombres e identidades de personas del pasado valiéndose de la numerología.

Es sumamente difícil encontrar evidencias irrefutables de encarnaciones previas de un pasado distante. Esto se debe a la escasez de información relacionada con personas específicas, salvo que hayan tenido cargos muy altos, como los reyes, las reinas, los héroes o las heroínas.

Es más fácil comprobarlo y comprenderlo en épocas más avanzadas, de las que existen numerosos documentos históricos. Sin embargo, debemos tener en cuenta que todos tenemos etapas en nuestra vida que favorecemos más, pues despiertan en nosotros la curiosidad del misterio y la aventura. Ciertas etapas estimulan nuestra imaginación más que otras.

El treceavo y último libro de *El Desatir*, obra mística antigua escrita en idioma mahabhadian, que fue escrito por el profeta Zoroastro, explica la reencarnación:

> Mezdam diferenció al hombre de los otros animales al darle un alma, que es una sustancia libre e independiente, incorpórea y sin ningún elemento material, indivisible y sin posición alguna, con la cual alcanzará la gloria de los ángeles...
>
> Y todo aquel que desee regresar al mundo inferior (la Tierra) y obra bien, según su conocimiento, sus convenios y acciones, recibirá algo, ya sea como rey o primer ministro, algún cargo alto o riqueza, hasta que reciba una recompensa que corresponda a sus obras... Aquellos que en épocas de prosperidad padecen dolor y aflicción, sufren debido a sus palabras o hechos en un cuerpo anterior, por los que el Más Justo, ahora los castiga.

The Desatir, o *The Sacred Writings of the Ancient Persian Prophets*, traducción de Mulla Firuz bin Kaus (1818).

El espíritu afín y la ley del karma

Muchos de nosotros anhelamos experimentar el verdadero amor y encontrar a nuestro "espíritu afín" (o "alma gemela"). Un espíritu afín es alguien que nos es familiar, como una parte de nosotros, alguien que nos hace sentir que siempre lo hemos conocido. Algunas personas afirman que no lograrán experimentar la verdadera felicidad ni el amor pleno sino hasta que encuentran a su alma gemela.

Cuando conocemos a alguien por quien sentimos una atracción intensa, llevamos karma de vidas anteriores a la relación. Para poder comprender lo que sucede, es importante comparar el mapa astrológico de las dos personas involucradas y encontrar los paralelos. Dichos paralelos se crean cuando las reencarnaciones acontecen en concordancia. Los astros correspondientes nos muestran quiénes fuimos en reencarnaciones previas.

En el libro *The Jewish War,* que Josephus Flavius escribió en el siglo I, se hizo una descripción de la vida y las creencias de los esenios, que están de acuerdo con el concepto de la reencarnación:

(Los esenios) condenan los infortunios de la vida, y por la generosidad de su mente, están por encima del dolor. En cuanto a la muerte... nuestra guerra con los romanos dio un testimonio óptimo de la grandeza de espíritu que tenían en sus hazañas... Sonreían ante sus propios sufrimientos y se reían con desdén de aquellos que les castigaban con tormentos, y sometían su alma con gran presteza, como si esperaran recuperarla. Porque su doctrina es ésta: sostienen que los cuerpos son corruptibles, y que la materia de la que están hechos no es permanente; pero que las almas son inmortales y perduran para siempre; y que provienen de la atmósfera más etérea, y que están unidos a sus cuerpos como prisioneros, y que se sienten atraídos por un cierto atractivo natural; sin embargo, cuando se liberan de las ataduras de la carne, ellos entonces se regocijan y se remontan hacia las alturas... Éstas son las doctrinas divinas de los esenios respecto al alma, que se convierten en una carnada inevitable para aquellos que alguna vez paladearon su filosofía.

Josephus Flavius, *The Jewish War.*

Rudolf Steiner y las leyes del karma

Rudolf Steiner (1861-1925) es el investigador más importante del siglo XX en el área de la reencarnación. Steiner describe la función del karma en la reencarnación. En su opinión, existen una serie de vínculos del karma que perduran de una encarnación a la siguiente. Existe un método y un ritmo especial en el que participamos, y esto es también lo que dirige la atracción hacia ciertas personas. Al examinar el mapa de husos horarios de las encarnaciones, podemos investigar varios ejemplos de encarnaciones que se vinculan unas con otras.

Según Rudolf Steiner, el principio básico de la reencarnación es la idea oriental del Atmán —"el ser poderoso"— que se encuentra en cada uno de nosotros. Los fenómenos físicos son sólo una expresión de los acontecimientos espirituales. Los seres que se manifiestan ante nuestros ojos en su forma física son una reverberación de los seres espirituales —los Atmán.

En la opinión de Steiner, la reencarnación es un mecanismo por el cual es posible tener el conocimiento que nos capacita para comprender las leyes del universo entero.

El drama hasídico, *The Dybbuk*, explica la reencarnación como la concibe el hasidismo:

(Si un hombre muere de manera prematura) ¿qué sucede con la vida que no vivió...? ¿Qué sucedió con sus alegrías y sus sufrimientos, y con todos los pensamientos que no tuvo tiempo de pensar, y con todas las cosas que no tuvo tiempo de hacer...? Ninguna vida humana se desperdicia. Si uno de nosotros muere antes de tiempo, su alma regresa a la Tierra para completar su ciclo, para terminar lo que dejó inconcluso y para experimentar la felicidad y los sufrimientos que tenía que haber conocido.

No es sólo al pobre que se debe cuidar. No se puede decir con certeza, qué ser humano pudo haber sido en su última vida, ni lo que está haciendo en la Tierra... A través de muchas transmigraciones, como al niño le atrae el pecho de su madre, el dolor y la aflicción atraen al alma humana hacia la fuente de su ser, El Trono Excelso que está arriba. Pero algunas veces sucede que un alma que ha llegado al estado final de purificación, de repente (¿por orgullo?) lo aprisionan las fuerzas del mal y ocasionan que resbale y caiga... (Dichas) almas errantes que no encuentran ni descanso ni refugio, se filtran en los cuerpos de los vivos, en forma de un Dybbuk, hasta que logran conseguir la pureza...

Las almas de los muertos ciertamente regresan a la Tierra, mas no como espíritus incorpóreos. Algunas tienen que pasar por muchas formas antes de que alcancen la purificación.

S. Ansky, *The Dybbuk* (traducción de 1926).

Muchos otros filósofos también apoyaron la opinión de Steiner: Goethe, Wagner, Emerson y Montague, a pesar de la fuerte oposición proveniente, por una parte, de los clérigos cristianos, y por la otra de los científicos.

A diferencia del Oriente, Steiner no creía que la encarnación se podía caracterizar por la imagen de una rueda. Él la consideraba más bien en términos de una espiral que emerge hacia arriba a través de etapas de purificación, más allá del universo terrenal. Steiner encontró una justificación a sus opiniones tan poco convencionales, en Jesús mismo, quien aseguró que su hermano espiritual, Juan el Bautista, había sido con anterioridad el profeta Elías, el Judío.

Experiencias personales

En los últimos años se ha dado un gran aumento en reportes de todo tipo de experiencias personales. Muchos han leído, escrito y escuchado relatos y experiencias —muchas más de las que se pueden comprobar de manera científica.

La investigación en el campo de la reencarnación requiere una combinación de información moderna y de sentido común. Por ejemplo, es importante distinguir, por una parte, entre el historial kármico del alma y el camino que sigue a través de varias encarnaciones, y por la otra, las características personales del temperamento que se transfieren de una generación a la siguiente por medio de la herencia y las leyes biológicas, o sea, la genética. (Sin embargo, no es necesario mencionar que constantemente se hacen los siguientes cuestionamientos: ¿qué es la genética? ¿En qué consiste la memoria que trae consigo el ADN y que se transfiere de una generación a la siguiente? ¿En qué consiste el "desecho" genético como lo llaman los científicos, quienes hasta la actualidad, no han podido dar una explicación para esas espirales genéticas?) En realidad, esta clase de separación es difícil de entender.

Muchas personas "recuerdan" cosas en una memoria colectiva que se ha acumulado a través de muchas generaciones. Sin embargo, esa memoria no proviene necesariamente de una encarnación previa. Todos tenemos recuerdos de los que estamos conscientes y otros que tenemos en el subconsciente. Los recuerdos de una vida anterior también se localizan en nuestro subconsciente, y esperan el momento adecuado para salir a la superficie hacia el ámbito del estado consciente.

Muchos casos certifican, de manera convincente, la existencia del fenómeno de la reencarnación. Entre otros, uno de los casos más famosos se reportó en el libro de Ian Cory, *You Can't Die*. Éste relata el caso de un indígena llamado Talingil, quien, un año antes de su muerte, le prometió a su sobrina que regresaría como su hijo. Le dijo que el niño tendría las cicatrices que él mismo tuvo en su cuerpo como resultado de una cirugía. Dieciocho meses después, la mujer dio a luz a un hijo. Como se le prometió, las cicatrices estaban, de manera tangible, en su cuerpo. Trece meses después, cuando el niño empezó a hablar, exclamó: "¿No me conoces? Soy Kahkodi (el primer nombre del hombre muerto). Con el transcurso de los años, el niño identificó, por su nombre, a varios miembros de la familia; pudo describir lugares y proporcionar información de eventos que habían sucedido antes de su nacimiento. Cuando cumplió nueve años, empezó a "olvidar" sucesos de su vida anterior, hasta que estos recuerdos cesaron por completo a la edad de 15 años.

Mansur Al-Hallaj, un maestro sufí del siglo X, era un firme creyente de la reencarnación:

Durante millones de años floté en las altas regiones del espacio, de la misma manera que el átomo flota sin control alguno. Aunque en realidad no recuerdo ese estado mío, con frecuencia sueño en mis viajes atómicos. Soy sólo un alma, pero tengo cientos de miles de cuerpos. Sin embargo, estoy desvalido, pues el Shariat (religión esotérica) mantiene mis labios sellados. He visto a dos mil hombres que fueron yo mismo; pero ninguno tan bueno como soy ahora. (...)

Se han presentado miles de cambios en la forma. (...) Siempre se debe observar la forma actual; porque si piensas en las formas del pasado, te separaras de tu verdadera Identidad. Todas ellas son estados de lo que es permanente, que tú ya has visto al morir. ¿Por qué entonces vuelves tu rostro ante la muerte? Como la segunda etapa siempre es mejor que la primera, muere felizmente y espera con ansia el poder tomar una forma nueva y mejor. Recuerda que no debes apresurarte. Debes morir antes de poder mejorar. Al igual que el sol, sólo cuando te ocultes en el Occidente, podrás surgir de nuevo con brillo en el Oriente.

Como se citó en la obra de Nadarbeg K. Mirza, *Reincarnation and Islam* (1927).

Regresión en el tiempo por medio de la hipnosis

La regresión en el tiempo por medio de la hipnosis es otro método importante para examinar el fenómeno de la reencarnación. La dificultad que presenta este método, es, por supuesto, la necesidad de investigar y validar los detalles históricos que surgen y se exponen durante el proceso.

Es evidente que no toda mujer que relata su experiencia de reencarnación, fue alguna vez Cleopatra. Con toda probabilidad, ésa es una ilusión, más que una reencarnación.

De los casos que se han reportado, se deduce que el promedio del tiempo que transcurre entre encarnaciones —es decir, entre la muerte y la reencarnación— es de 52 años. Con frecuencia, es difícil localizar y examinar documentos que tengan una antigüedad de más de 75 años, lo que hace que esto resulte muy difícil para cualquiera que se interese en explorar estos procesos y estos fenómenos.

San Agustín (354-430), antiguo obispo de Hipona, en un principio estudió el concepto de la reencarnación, pero de forma gradual, lo fue rechazando:

(Porfirio, el filósofo neoplatónico), era de la opinión que las almas de los humanos realmente regresaban a cuerpos humanos (nunca a cuerpos de animales). Se rehusaba a aceptar la otra opinión, no fuera que una mujer que se hubiera encarnado en una mula, pudiera llevar a su propio hijo sobre su espalda. Sin embargo, no se acobardaba ante la teoría que admitía la posibilidad de una madre que regresara como una jovencita y se casara con su propio hijo. Cuánto más loable es el credo de que Él sería el Salvador, al que los ángeles santos y veraces, anunciaron por medio de los profetas que estaban movidos por el Espíritu de Dios, y que predicaban en el nombre de Aquel de quien predijeron sus precursores y los apóstoles enviados por Él mismo, y que llenaron el mundo con el evangelio —yo digo, ¿cuánto más plausible es la creencia que dice que las almas regresan definitivamente a sus propios cuerpos (en su resurrección), que la que dice que ellas regresan una y otra vez a diversos cuerpos?

San Agustín, *La ciudad de Dios*.

La reencarnación. Segunda vuelta

Después de nuestra visión panorámica inicial, regresaremos a lo que la humanidad ha aprendido, hasta ahora, sobre la reencarnación.

¿Cuál es la parte enigmática de los seres humanos que se supone que reencarna después de la muerte física, y cuál es la razón por la que regresa?

¿Por qué es que las personas generalmente no recuerdan encarnaciones previas?

¿Cómo es posible penetrar en esos depósitos subconscientes de reserva de la memoria?

¿Qué sucede después de la muerte?

¿Cuál es la razón por la que las personas no pueden reencarnar en animales?

¿Cómo se puede explicar el esclarecimiento de "los grandes maestros" de la humanidad por medio de la reencarnación?

Muchos científicos tienden a rechazar todas las teorías pertinentes a la continuación de la vida, pues afirman que no son sino conceptos sin valor, semejantes a los anhelos profundos que nunca se harán realidad. En este libro, trataremos casos documentados de manera meticulosa, así como opiniones y aportaciones de diversas culturas que refuerzan la versión de que la vida eterna realmente existe en la forma de la reencarnación. Tal vez ésa sea la razón por la que un número, cada vez mayor, de personas se empiezan a interesar en las religiones y las filosofías del Lejano Oriente. Es posible que se deba a la promesa de vida eterna que éstas incluyen.

Sin embargo, es importante subrayar que el concepto de reencarnación no es exclusivo del Lejano Oriente. En todo el mundo, desde la alborada de la historia, las personas han creído en la vida eterna, desde Pitágoras y Platón, hasta los debates actuales entre Dion Fortune y Rudolf Steiner. El reconocido psicólogo, Carl Jung, alumno de Sigmund Freud, también creía en la reencarnación.

Los escépticos siempre han alegado que ni una sola persona ha regresado "del otro mundo" para relatar sus experiencias. Sin embargo, de manera gradual, se están acumulando testimonios y relatos de personas que han pasado por experiencias inexplicables, y la única forma de comprenderlas es creyendo en la reencarnación.

No debemos olvidar que durante cientos de años, la cultura occidental descuidó el estudio del siguiente cuestionamiento: ¿es acaso que los seres humanos siguen viviendo de una forma u otra después de la muerte?

Por razones históricas, la mayoría de los filósofos y hombres de letras de los siglos XIX y XX adoptaron un enfoque materialista y escéptico de la vida humana, y rechazaron en su totalidad el punto de vista místico y filosófico que, en su opinión, no era práctico. La toma de conciencia de las ideas "modernas" relacionadas con la posibilidad de una vida después de la muerte ¡se presentó hace menos de un siglo!

Fue sólo en tiempos recientes que el enigma del hombre se abordó en los ámbitos universitarios, desde dos ángulos diferentes. El biólogo Jacques Monod, autor del libro *Opportunity and Need*, dice: "El hombre fue creado en el universo por simple casualidad, a no ser que de manera simplista aceptemos la teoría de la Creación como se presenta en las fuentes religiosas. Si no es así, debemos encontrar explicaciones naturales para ello". Como sabemos, el concepto bíblico de la creación constituye un problema serio para los científicos. Por otra parte, Monod también admite que el enfoque que sostiene que el hombre fue creado por una total casualidad de la materia prima, es una idea que en sí misma es muy problemática. Como en un rompecabezas gigantesco, nos falta una pieza que explicaría la existencia de sistemas en la biosfera que operan como si existiera coordinación y objetivo en su actividad. Es difícil que nos satisfaga la definición simplista del principio de vida como "un accidente químico que tiene pocas posibilidades de que suceda". Dicho enfoque no es, ni más realista ni más lógico, de lo que es una creencia religiosa.

Los científicos modernos aseguran que "todo es materia". En contraste, las personas de todo el mundo moderno saben que los científicos han cometido, y siguen cometiendo, muchos errores, tanto en las investigaciones científicas como en el uso de la ciencia. Se dan argumentos progresivos y continuos en la búsqueda de diferentes filosofías que tratan de la vida después de la muerte. En varias culturas, se publican, de manera constante, artículos y libros que abordan el tema de la investigación en esta área y que fluctúan desde ideas y religiones arcaicas hasta teorías modernas relacionadas con la existencia de seres extraterrestres en galaxias distantes.

No sabemos lo que ocasionan estos cambios medulares en los puntos de vista e ideología de las personas, pero no hay duda de que la época en la que vivimos es un tiempo que se caracteriza por cambios trascendentales. Una vez más se estudia el tema de la continuidad de la vida.

El doctor Louis Thomas, físico y científico, escribió en su libro, *The Life of the Cell*, que "la muerte, desde un punto de vista general, no nos inquieta". Nos podemos sentar a la mesa y hablar, sin llegar a perturbarnos, acerca de una guerra en la que se dan millones de fatalidades y bajas. En la televisión y en el cine podemos mirar casos de muertes repentinas y repulsivas casi sin parpadear y sin derramar ni una sola lágrima.

En muchos casos en los que la muerte es íntima y cercana a nosotros, ésta nos sacude y nos conmueve. El meollo del problema yace en el hecho estremecedor de nuestra propia muerte. Es el único hecho de la naturaleza cuya existencia reconocemos con una absoluta certeza, pero se nos dificulta hablar de ello y hasta pensar en eso.

El doctor Thomas se impresionó cuando descubrió que algunos pacientes muy enfermos y que estaban al borde de la muerte, la aceptaban con ecuanimidad y sin miedo. "La muerte no es algo malo, es un proceso natural".

Lo que nos debemos preguntar es lo siguiente: ¿Lograremos entender el significado de la ausencia de un estado consciente? ¿Hacia dónde se desaparece la conciencia? ¿Acaso es algo que se esfuma y se desvanece con la llegada de la muerte? Si se toma en cuenta el hecho de que en la naturaleza nada se pierde ni se desperdicia, dicha suposición no parece ser natural.

¿Existe alguna evidencia de vida después de la muerte?

Algunos testimonios personales sirven de antecedente para el estudio sobre el tema. Más aún, algunos filósofos, científicos e investigadores a través de varias generaciones han dedicado su tiempo a examinarlo. Han reflexionado sobre este tópico y han elegido la temática de la reencarnación para explicar la experiencia del hombre respecto a la eternidad.

Este libro no pretende convencer a las personas que no creen. Más bien invita a aquellos que deliberan sobre el tema para que puedan ampliar su conocimiento en esta área, para que estudien las inferencias de los grandes filósofos, para que se enteren de las experiencias personales de algunos individuos, y para que examinen los diversos escritos y proposiciones.

Tal parece que el volver a nacer o la reencarnación son sentimientos intuitivos. Debemos recordar que se trata de conceptos o conocimientos que son comunes a diversas personas y diferentes culturas en todo el mundo.

Hay personas que aseguran que la reencarnación es un concepto "romántico" que no se basa en la realidad.

Aunque ignoremos el hecho de que muchos científicos han respaldado estas ideas, cualquiera que lea "poemas románticos" sabe que la vida es insípida sin ellos. ¿No es acaso que los poetas románticos y los escritores expresan "la verdad" desde su propio punto de vista de la vida? Es más, aunque no todo sea verdad, esto no disminuye la importancia de su aportación. Ninguna persona bien informada puede esperar que una sola idea o enfoque contenga todas las verdades. En asuntos como éstos, el lector tiene que contribuir con algo propio.

El historiador A. T. Bacall, quien vivió en el siglo XIX, escribió: "Si la vida eterna no es una realidad, todo lo demás tiene muy poca importancia —sea o no verdad".

Un siglo después, Edmund Wilson dijo: "El conocimiento de que la muerte no está tan lejana, de que mi mente y mis sentimientos, así como mi vitalidad, desaparecerán con la rapidez de un anillo de humo, tiene un efecto concreto en asuntos terrenales. Todo se vuelve menos importante... Es difícil tomar la vida en serio, incluyendo los esfuerzos y los logros personales".

A. W. McNeill Dixon, quien escribió *The Human Condition*, se le considera el "Confucio de Occidente". El periódico *The New York Times* ha seleccionado sus libros como unos de los trabajos más importantes del siglo XX. Según Dixon, la historia de la humanidad tiene una larga historia llena de sufrimientos. Para los que han sufrido un destino cruel, no existe explicación ni consuelo. Estas almas desdichadas, que están confusas intelectual y moralmente, ingresaron a su vida y a su existencia como si estuvieran ciegas, y la dejarán de la misma manera. No están conscientes de su origen, del significado de su existencia, o de la razón por la que su vida, que se ubica "sobre todas las criaturas inferiores", está llena de miseria y agonía.

Según la forma aceptada de pensamiento, el vivir significa caminar sin rumbo por un sendero difícil. ¿Cómo puede un camino que no lleva a ninguna parte tener algún significado?

La vida que está llena de sufrimiento y de dolor, y que termina arbitrariamente, de la misma forma que comenzó, es una idea absurda. Según este enfoque, no hay nada qué esperar, qué anhelar, y no hay nada que se pueda hacer, hasta que se extinga.

Las palabras "vida eterna" son vocablos que expresan todo aquello que es muy especial y valioso para nosotros —el alma. Cuando se va, nada que valga la pena queda en este mundo. En el momento de la muerte, sucede algo totalmente diferente. El cielo se ilumina con una luz intensa, la puerta se abre a innumerables posibilidades...

¿Qué clase de vida eterna puede captar la conciencia humana?

De todos los enfoques filosóficos existentes, la afirmación que se refiere al derecho que tenemos a volver a nacer y reencarnarnos, es el más antiguo y el más aceptado.

Todos pensamos en términos de un futuro. Todas las ideas humanas se vinculan a un porvenir, a tal punto que cuando ciertas personas manifiestan una falta de fe en el concepto de que el hombre es un ser eterno, se pone en duda el futuro en su totalidad, y se cuestiona la razón por la que se nació.

En lo profundo de nuestro ser estamos secretamente conscientes de nuestra parte en "la eterna primavera de la creación", con la esperanza de que, algún día en el futuro, podamos regresar y encontrar vida en ella.

Si las cosas como están hoy no tienen nada en común con lo que serán en un futuro, significa que no tenemos ninguna base por la que podamos relacionarnos con el futuro. Los seres humanos no pueden razonar ni relacionarse con su existencia sin el concepto de "tiempo". Cualquier enfoque que insista en una existencia sólo para el presente, y refuta la vida espiritual como una posible continuación del presente, en realidad transforma el momento actual en un problema totalmente incomprensible y sin solución.

Platón, el filósofo, creía que nuestro conocimiento actual es, de hecho, una recopilación de lo que aprendimos o de lo que nuestra alma aprendió en un estado o vida previa.

Sin embargo, existen personas que aseguran que no recordamos nada de nuestras vidas anteriores. (Éste es el momento de mencionar que hasta en nuestra vida diaria, no recordamos con certeza, los sucesos que ocurrieron día a día, desde el momento que empezaron). "Los recuerdos perdidos", como nos explican los psicólogos y los científicos, son hallazgos importantes que pueden reconstruirse. Nada se pierde. Las experiencias del pasado son una contribución a la experiencia de vida y a nuestra capacidad, y sirven como una aportación en todos los estratos de la personalidad.

Es posible que ésta sea la situación exacta respecto a vidas previas, cuando cada encarnación constituye un día, en una serie extensa de historia humana.

Según Platón, al momento de la muerte, el alma se libera de toda dimensión de tiempo y espacio y regresa a su origen. Después de un periodo de quietud y soledad, vuelve a encarnarse en un cuerpo humano.

Para fines de esta exposición, no es importante saber la naturaleza exacta del alma, ya que nunca se separa del "propio yo". Es el centro de todo, y sin ella no habría ni conciencia ni pensamiento. Es imposible separar la identidad propia, del átomo, del vacío, del espacio y del tiempo. Los filósofos del futuro pensarán de manera distinta, diferente de lo que se aceptó en el pasado. Le otorgarán al "yo individual" una categoría especial, que también será apropiada.

Es muy posible que el ser humano sea mucho más interesante e importante de lo que hasta ahora hemos creído, un ser con importancia cósmica sublime.

Como se mencionó con anterioridad, muchos científicos refutan las teorías sobre la vida eterna, y alegan que éstas pertenecen a una especie de ilusiones sentimentales fomentadas por los románticos incurables. Es evidente que si la creencia en una vida eterna se fundamentara en el deseo individual y personal de alguien que deseara volver a la vida, esto no convertiría la teoría en realidad. En contraste, si una persona que ha sufrido durante su vida, se quejara de tener que regresar a la vida en otra encarnación, esta afirmación no significaría que la reencarnación no existe. Por el contrario, es posible que la segunda persona esté enfadada porque en esta vida está pagando por todo lo que hizo en vidas anteriores, y que en la vida futura pagará un precio aún más alto por los delitos que cometió en esta vida.

El doctor J. Paul Williams fue jefe del Departamento de Medicina en la Universidad de Mount Holyoak en Estados Unidos. Sus opiniones se fundamentaron en los campos de la religión, la filosofía y la ciencia.

Él cimentaba sus opiniones en la creencia que prevalece en el Oriente, entre los seguidores de las grandes religiones, el budismo y el hinduismo, que afirman que la vida eterna es un hecho verídico. Ellos creen que las personas vuelven a nacer una y otra vez, para poder vivir en este mundo, y este proceso va acompañado de mucha ansiedad. Las razones para este hecho son complejas, y los seguidores de estas religiones aprenden la forma en que es posible evitar volver a nacer. No lo desean, y perciben otra encarnación como un castigo. La meta deseada por un hindú o budista creyente, es encontrar una salida del "círculo de la vida".

La afirmación de que el ser humano es un alma, da pie a la suposición —que no es ilógica— de que el alma puede sobrevivir ante una muerte física. Si una persona es sólo un cuerpo, una reacción psicoquímica y no más, no cabe duda de que no regresará para vivir de nuevo en una forma física. Como se mencionó con anterioridad, si una persona es un alma, la posibilidad queda abierta para que el alma permanezca después de una muerte física.

¿Es la persona un cuerpo que tiene un alma o un alma que encontró un cuerpo en el que puede habitar?

Existen dos formas viables de probar cada una de estas teorías. Una es demostrar una secuencia lógica de eventos entre una serie de hipótesis correctas. La segunda es simplemente señalar y decir: "¡Así es como es!"

Muchas personas creen en la existencia del alma a un nivel emocional, desde su experiencia personal en la vida. Sin embargo, dichos sentimientos no constituyen una prueba científica.

La creencia de que las personas son únicamente cuerpos físicos es sólo una entre un conjunto de creencias que afirman que sólo "la materia existe" y que el "espíritu" no existe en modo alguno. Existen científicos respetables que han ampliado y consolidado esta hipótesis. Muchas personas creen en estos científicos y en sus opiniones. En contraste, existen un número igualmente competente de científicos que no opinan que este universo esté hecho sólo de materia. Ellos adoptan el enfoque que afirma que la existencia de la vida eterna es posible, en otras palabras, no es una simple tontería romántica. Ésta es una cuestión eminentemente filosófica y cada uno de nosotros, cuando la examinamos, tenemos que ser también, hasta cierto punto, filósofos.

Aunque creamos que, como seres humanos, somos almas, no hemos demostrado todavía la existencia de la vida eterna. ¿Subsisten las almas después de la muerte física? Nuestra única experiencia como seres humanos vivos es a través del vínculo con nuestro cuerpo.

Hay personas que aseguran que por este simple hecho debemos llegar a la conclusión de que si no tenemos cuerpo, no tenemos vida. Sin embargo, ésta no es una conclusión obligatoria. William James aseguró que pueden existir dos planteamientos respecto a la relación del cuerpo y la vida. Uno sostiene que el cuerpo crea vida. El segundo afirma que el cuerpo refleja vida, del mismo modo que una vela produce luz, no obstante, la vela no deja de existir, si la luz se extingue. En el momento en que la vela se apaga, la llama desaparece. La flama se puede reflejar en un espejo. Si el espejo se retira, la luz continúa existiendo.

¿Podemos aceptar la hipótesis que dice que el cuerpo refleja vida con la misma facilidad que aceptamos la hipótesis más difundida de que el cuerpo "origina" al alma?

¿Puede un cuerpo humano, que consiste sólo en dolor y sufrimiento y que carece de un alma, crear obras como la de *Hamlet* de Shakespeare, la teoría de la evolución de Darwin, o la teoría del psicoanálisis de Freud? Es más fácil suponer, hasta con fundamento en estos pocos ejemplos, que estos logros sobresalientes se produjeron por almas que utilizaron el cuerpo humano comó un "instrumento" para su realización en esta tierra.

Si aceptamos la hipótesis de que el alma se refleja en el cuerpo, y no "se origina" en él, podemos, con facilidad y de manera lógica, suponer y creer que el alma puede existir de manera aislada respecto al cuerpo físico.

El vínculo débil en este argumento es, por supuesto, el problema no resuelto de la falta de nuestra "conexión directa" con el alma, pero esto no significa que no sea posible.

Podemos afirmar que tampoco es posible "experimentar" la existencia de los átomos y los electrones, lo que no niega la verdad. Creemos en ella porque tenemos una "prueba" irrefutable de ella. No obstante, no podemos acusar a los científicos por proporcionarnos hipótesis irreales, cuando nos tratan de decir que una roca, hecha de piedra sólida, es realmente una combinación de átomos, electrones y protones que se mueven a una velocidad muy alta.

Otro estrato que refuerza la posibilidad de una vida eterna es muy sencillo: en este momento estamos vivos. Como seres humanos, no podemos comprender los límites del tiempo. Si esto es verdad, nuestras posibilidades de existir, son inexistentes. Sin embargo, contra toda duda, estamos aquí. La única forma de resolver esta contradicción es suponer que —como el tiempo mismo— somos infinitos.

Un ser humano surge cerca del tiempo de su nacimiento. Vive y finalmente muere. En su muerte, se torna eterno.

Si una persona cree en la vida eterna y en las reencarnaciones, tiene que creer también, que vivirá después de su muerte actual, así como vivió con anterioridad, antes de que naciera la última vez.

Éstas son las razones que hacen que nos olvidemos de encarnaciones previas, y quienquiera que crea en la vida eterna, también cree que se tomaron ciertos medios para lograr este fin.

Una de las principales hipótesis de la ciencia moderna afirma que la existencia es estable, que observa ciertas leyes, y que no está sujeta a "caprichos".

Después de la muerte de su esposa, George Herbert escribió: "No deben darse sentimientos de tristeza y remordimiento después de su muerte, mas cómo es posible llamar al mundo un lugar racional, si un conjunto de partículas de materia crearon un alma tan hermosa?"

El filósofo C. J. Dukes, presidente de la Asociación de Filósofos Americanos y jefe del Departamento de Filosofía de la Universidad de Brown durante 30 años, tenía interés especial en una variedad de campos, el arte, la ciencia, los idiomas, y escribió sobre ellos.

En dos de sus libros toca ciertos aspectos que se vinculan con la reencarnación: *A Critical Analysis of the Belief in Life after Death* y *Awareness and Death.* La obra que escribió en1960 y que lleva como título *Life after Death – Reincarnation,* la dedica totalmente a este tema.

En su opinión, se da un cierto "orden" según el cual existe vida después de la muerte del cuerpo físico. Esta creencia se ha extendido debido a su origen y a su naturaleza, que es semejante, en gran parte, a la creencia en la existencia de Dios.

El profesor J. B. Pratt, dijo en una ocasión: "Empezamos a creer en Dios porque nos dicen que así debe ser. Sin embargo, la creencia durante la continuidad de la vida tiene un origen espontáneo. Un niño que está consciente de su existencia actual, acepta la suposición básica de la continuidad de vida como algo indiscutible y natural. De hecho, la muerte es algo nuevo que debe aprenderse, desde el punto de vista del niño".

Según Dukes, a los miembros de las religiones judías y cristianas les agrada creer en la reencarnación a pesar del hecho que la certeza de la muerte es en realidad más paradójica.

El clérigo W. R. Alger, escribió: "Ningún tema ha tenido tanto efecto en la humanidad como la posibilidad de que cuando el alma abandona el cuerpo, vuelve a nacer en otro cuerpo, según su personalidad, su ambiente y sus acciones". Aunque esta idea (karma) es diferente a la idea de la reencarnación, ambas se ajustan al punto de vista lógico.

La idea explica, de manera sumamente detallada y coordinada, el caos, la infame falta de justicia, el mal y el sufrimiento que son evidentes en la vida de las personas. Cualquiera que pueda aceptar esta teoría, encontrará un gran consuelo en la comprensión inmediata de la injusticia en el mundo. Esta creencia explica todas las manifestaciones de las que está tejida la tela de la vida humana. Cuando observamos la vida desde la creencia en el karma y la reencarnación, vemos el mundo en tal forma, que los elementos materiales y espirituales se unen con la totalidad del sistema establecido que opera según leyes predeterminadas. La existencia humana se vuelve todo un cuadro de justicia poética absoluta.

La supervivencia en el sentido de reencarnación evoca de inmediato el cuestionamiento de si nuestra vida presente no es una de esas encarnaciones por las que ya hemos pasado. Sin embargo, si éste fuera el caso, surge en nosotros una objeción enorme que se basa en esta pregunta: ¿por qué no recordamos nada acerca de nuestras vidas pasadas?

Si suponemos que la falta de memoria certifica y "prueba" que si no hay memoria, no hay vida, con seguridad se darían consecuencias trascendentales. Puedo probar, por ejemplo, que no existimos durante los primeros años de nuestra vida en nuestro cuerpo actual. Además, algunas veces las personas evocan recuerdos y testimonios que están vinculados con sus vidas anteriores.

Uno de los casos más conocidos en la literatura es el de "la reencarnación de Katsuguru", el cual se estudió de manera científica y quedó más allá de cualquier sombra de duda. Lefsidio Eren documentó este caso.

Relata la historia de un niño pequeño cuyo nombre era Katsuguru, hijo de un hombre llamado Ganzu, y vivía en un pueblo denominado Nakanumura. El niño manifestó que en una vida anterior, él se llamaba Tozo. Que era hijo de un granjero conocido como Kyobai y que su madre se llamaba Shiduzo. Según él la familia vivía en un pueblo llamado Kodokubu. El padre murió, y un hombre conocido como Hanshiru tomó su lugar. Tozo murió de viruela a la edad de seis años, un año después de la muerte de su padre.

Describió el funeral, hizo una descripción exacta de sus padres anteriores y de la casa en donde vivió. Finalmente, lo llevaron al pueblo e indicó a los adultos el camino e identificó a las personas, que confirmaron los hechos que él había descrito. Después, señaló un almacén y un árbol y manifestó que éstos no estaban antes en ese lugar.

Testimonios de esta clase son muy importantes para el asunto de la reencarnación. El conocimiento de detalles, como se perciben en el caso que se acaba de mencionar, es demasiado minucioso y circunstancial para que sólo sea una coincidencia. No es sólo un caso de *dejá vu* (ilusión de haber experimentado una situación que en realidad se presenta por primera vez) que los psicólogos entienden y explican plenamente. En efecto, aunque esta clase de testimonio no sirve de prueba incontrovertible de la idea de la reencarnación, no cabe duda de que no puede descartarse por completo.

Otra objeción respecto a la idea de la reencarnación, emana de la afirmación de que si no existieran el estado consciente y la identidad personal, como algo que "aporta la memoria", el volver a nacer y la muerte total y definitiva, en realidad no tendrían sentido, pues no tendríamos ninguna forma de recordar lo sucedido.

En este contexto, citamos a Leibniz: "¿Señor, qué sentido tiene que Dios lo haga rey de China, si no recuerda quién era con anterioridad? ¿Acaso no sería igual si Dios lo hubiera destruido y hubiera vuelto a crear al rey de China?"

Lo importante no son los recuerdos por sí mismos, sino más bien la conciencia de los recuerdos actuales. Nadie se perturba demasiado por la falta de recuerdos de la niñez temprana. El sentimiento de identidad depende de la naturaleza gradual del cambio que viene a nuestra mente, y del que no siempre estamos conscientes. La percepción del paso del tiempo muchas veces nos asombra, en especial, cuando de pronto tomamos conciencia de que ha transcurrido mucho tiempo para enterarnos de algo que no sabíamos, al ver fotografías o cartas de hace varias décadas. Esas fotografías y cartas no nos ayudarán a recordar detalles importantes, como el saber de quién era la carta y de qué se trataba. La persona que escribió la carta, en ningún sentido, es la misma persona que la lee hoy.

Existen personas que aseguran que sin recuerdos previos, no podemos saber por qué se nos "premia" o se nos "castiga" en esta vida. Sin memoria, no podemos aprender nada, por lo que la lección se desperdicia. Sin embargo, la teoría del castigo en el estilo de "ojo por ojo" y "diente por diente" no es la única, ni tampoco es la más eficaz.

Por ejemplo: dos personas riñen y durante el altercado empieza un tiroteo. La primera persona hiere a la segunda. La ley del karma hará que la primera persona reciba una lección sobre el dominio de sí mismo y la tolerancia, y no necesariamente hará que la segunda persona, lo lesione de igual manera... O tal vez sufra una desilusión amorosa que lo obligue a esperar al ser amado, año tras año...

Muchos de nosotros al llegar a la madurez, podemos discernir "de manera automática" ciertos esquemas en nuestra vida que dictaron el curso de nuestra existencia, como una mano que nos guía desde arriba. Los cambios que ocurren en el ámbito social, en el trabajo, entre amigos, y también los cambios internos, hacen que seamos lo que somos.

Estos acontecimientos que se presentan durante nuestra vida pueden suceder de la forma más natural, entre un periodo de vida y el siguiente.

William R. Alger (1822-1905), ministro y hombre de letras estadunidense, expresó sus puntos de vista acerca de la reencarnación:

> Desde la perspectiva analógica, el argumento (relacionado con la reencarnación) es sumamente fuerte. Es natural sostener, desde el panorama universal de la vida encarnada, que es el esquema eterno en todas partes, que una variedad de almas encuentran en una diversidad de mundos, una serie sempiterna de aventuras en organismos idóneos. Se debe aceptar que de todas las formas cuidadosas y refinadas de la creencia en una vida futura, ninguna ha tenido una generalización tan extensiva y prolongada como ésta. Tiene el voto de la mayoría, generación tras generación, la mitad de la raza humana, la ha aceptado con una convicción tan intensa, que casi nunca se ha igualado. En realidad, a primera vista, el hecho más sorprendente acerca de la doctrina de las reiteradas reencarnaciones del alma... es la constante reaparición de la fe en todas las partes del mundo, y su permanente influencia sobre ciertas naciones importantes.

Cita del libro de E. D. Walker, *Reincarnation, A Study of Forgotten Truth* (1878).

El karma, la reencarnación y el libre albedrío

En 1959, el doctor Smith Huston publicó un libro titulado *Man's Religion*. En esta obra se fortalece el diálogo entre las culturas del Oriente y del Occidente. Smith Huston nació en China de padres estadunidenses, cuando creció trabajó durante muchos años como profesor de filosofía en MIT (Massachussets Institute of Technology) y también impartió clases de religión en la Universidad de Siracusa. En este libro examina la reencarnación en relación con la ley del karma. Aunque el karma se define como una ley moral que se fundamenta en la causa y el efecto, existen muchas personas que lo consideran como una especie de contabilidad cósmica.

El autor propone que consideremos el karma bajo una luz un poco diferente: la armonía cósmica. Cuando, por una u otra razón, esta armonía se altera, se tiene que adecuar. Los integrantes de las culturas occidentales tienden a considerar el karma como un castigo. En contraste, los orientales se refieren a este concepto de manera positiva. Buda asegura que "el corazón del karma está hecho de amor, su fin es la armonía y la tranquilidad y por supuesto es placentero".

Esto podría significar que nuestras acciones nos enseñan la forma en la que, en última instancia, podemos atraer mayor armonía a nuestra vida. Todo depende de nuestra "capacidad" y deseo de hacer un esfuerzo.

El mundo científico nos previene, una y otra vez, sobre la importancia del principio de causa y efecto en el mundo físico. Este principio se puede aplicar en todas las esferas de la vida: en la contaminación ambiental, la explotación masiva de los recursos naturales, la destrucción de los bosques tropicales, y, en el nivel personal, en el estilo de vida que llevamos.

Toda acción en la vida tiene un resultado. Los proverbios como "Se cosecha lo que se siembra", son ejemplos de este principio. También podemos decir: "Siembra un pensamiento y cosecharás una acción, siembra una acción y cosecharás un hábito, siembra un hábito y cosecharás temple, siembra temple y cosecharás destino".

En el Oriente, la ley de causa y efecto es más rigurosa, más comprometedora, y no tolera excepciones. La condición actual de toda persona —por feliz, tranquila o desorientada que sea, en el grado en que lo pueda percibir— depende de lo que deseó y logró en el pasado; y en paralelo, sus pensamientos y decisiones en el presente definen su futuro.

Los integrantes de la religión hindú entienden el concepto del karma como una ley perfecta, orientada a los valores, que dirige el universo y obliga a cada individuo, de una manera personal. Sin embargo, la mayoría de las personas se niegan a reconocer esto. Prefieren "transferir" el origen de sus problemas hacia el exterior, lejos de ellos mismos. Dicho enfoque, según el hinduismo, es simple inmadurez.

Puesto que el karma afirma ser como el universo, el cual opera según leyes manifiestas, con frecuencia se interpreta como fatalismo. Esto es incorrecto. Según el karma, toda decisión tiene una consecuencia, pero la toma de decisiones es un sendero por el que los individuos caminan con libertad y tienen la posibilidad de seleccionar.

Desde otro punto de vista, podemos decir que las consecuencias de las acciones de una persona en su pasado, determinan su vida en el presente.

De la misma manera que un jugador de naipes se topa en una situación dada con ciertas cartas, pero tiene la posibilidad de seleccionar la forma en que desea jugarlas, del mismo modo, un alma que pasa de una vida a otra en innumerables cuerpos humanos, de hecho, sus decisiones la guían.

Según la religión hindú, el alma no depende del cuerpo físico más de lo que el cuerpo depende de la vestimenta que usa o de la casa en la que vive. Cuando la vestimenta se desgasta o ya no nos queda bien, la reemplazamos. Esto es lo que también hacen las almas. Para poder lograr este nivel de estado consciente, tenemos que examinar la forma en que nos expresamos. La palabra "mi" separa el objeto que declaramos de nuestra propiedad, de nuestro propio ser. Cuando hablamos de nuestra casa, no quiere decir que pensamos que nosotros somos la casa. Hablamos de nuestro cuerpo, nuestras opiniones, nuestra personalidad, de la misma manera. La forma de hablar, en cierto modo, certifica el hecho, tendemos a pensar en nosotros mismos como algo separado de esas partes.

¿Qué es el "Ego o el Yo" que incluye en él mi cuerpo y mi alma, pero que no se identifica con ellos?

La ciencia sostiene que nuestro cuerpo físico no incluye nada de lo que estuvo con nosotros hace siete años. Durante la vida, nuestra personalidad y nuestras opiniones cambian de manera fundamental. Sin embargo, a pesar de todos los cambios, algo permanece. Ese "algo" es más profundo que el mismo cuerpo o que la personalidad, y proporciona el elemento medular para la continuidad dentro de la coyuntura del cambio.

La palabra "personalidad" viene de la palabra latina *persona*, que originalmente tenía el significado de una máscara con la que el actor cubría su rostro cuando salía al escenario. El objetivo de la máscara era servir de sustituto al maquillaje que caracterizaba el papel que se desempeñaba, mientras que el actor detrás de la máscara permanecía anónimo y oculto.

Por supuesto que el problema se presenta como resultado del hecho que la mayoría de nosotros olvidamos la diferencia entre el desempeño de un papel y el "Yo" efectivo o real. La personalidad es sólo "la vestimenta actual" que se desechará al terminar el drama. Somos atraídos por los bocetos actuales de la vida y no podemos recordar los papeles anteriores ni proyectar lo que sucederá en el futuro. El objetivo es corregir las identidades erróneas. Cuando una persona logra dirigir su estado consciente hacia el interior, penetra todas las "máscaras" y finalmente llega hasta el actor anónimo que se ubica en lo profundo.

"La persona no está sola en ninguna de sus jornadas —desde el principio hasta el fin está profundamente arraigada al Atmán, el punto de luz, su identidad propia, el infinito, la parte más pequeña que ya no puede dividirse".

Richard Wilhelm (1873-1930), teólogo alemán, escribió un artículo titulado "Reencarnación", en el que dijo lo siguiente:

Consideremos la actitud que debemos tomar ante esta idea. En primer lugar, debemos insistir en que, desde el punto de vista del cristianismo, es absolutamente factible. Es verdad que el cristianismo pone énfasis sólo en la ley del karma, y se abstiene de opinar respecto a su funcionamiento; sólo pone atención a su realización última, y no hace mención de las etapas intermedias. (...)

Las observaciones imparciales y las reflexiones razonables nos llevarán a la convicción de que esta ley del karma, realmente existe. Sin embargo, en una vida, confinada por el nacimiento y la muerte, sólo podemos comprobar una parte de toda la existencia. Pasamos a través de ciertos sucesos en los que una madeja enmarañada de efectos provenientes del karma se desenredan, mientras que, de manera simultánea, nuevos filamentos de karma forman un tejido que no puede concluirse en esta vida, porque su desembrollo se corta con la muerte. Por otra parte, vemos resultados que llegan a realizarse, pero cuya causa no puede descubrirse en esta vida. Éstos son los grandes problemas con los que un Job lucha, y en los que —a pesar de toda la fe en un más allá— sólo las palabras del salmista, "¿y después qué?", deben pronunciarse, si no viene en nuestra ayuda la Sabiduría del Oriente. De esta manera, es fácil entender que muchos de nuestros pensadores más profundos y lúcidos, como Lessing y Goethe, estudian la reencarnación como una teoría digna de consideración.

Richard Wilhelm , *The Theosophical Path* (enero 1924).

Fragmentos del todo extraviado. La reencarnación y las mitologías

El ciclo del nacimiento, la vida, la muerte y la reencarnación, es el tema principal de la obra de Alan West sobre mitos y religión: *The Wisdom of the Serpent; The Mythology of Death, Rebirth and Reincarnation* (*La sabiduría de la serpiente; La mitología de la muerte, volver a nacer y la reencarnación*).

Según el Occidente, no existe nada más incitante que el concepto de la muerte. El conocimiento de la muerte es la razón por la que el hombre creó las ciencias, las artes, la religión y la filosofía.

Algunos de los cuestionamientos humanos que presentan un reto interesante incluyen: ¿qué se sentiría si me quedara dormido y ya no despertara? ¿En dónde estaba yo en el momento previo a la fertilización, cuando el esperma y el óvulo se unieron? La noción de lo que sucede antes de la muerte es tan absurda como la idea de lo que sucede después de la muerte. Si vine de "la nada", existe la posibilidad de que regrese una vez más a esa misma "nada".

En el siglo XIX, los hombres de letras llegaron a la conclusión de que los relatos mitológicos eran un fenómeno que se fue desarrollando desde la alborada de la humanidad. En su opinión, estos relatos no tenían más fundamento en la verdad, que lo que observó a su alrededor el hombre primitivo, los cuerpos celestes, la naturaleza y los fenómenos que él no pudo explicar.

En la actualidad, se han dado teorías más avanzadas respecto al origen de varios relatos mitológicos. En el famoso ensayo literario de Irwin Thomson, *On the Threshold of History* (*En el umbral de la historia*), el autor dice que la mitología no es una etapa primitiva del desarrollo humano, sino más bien una descripción de la realidad en la que lo conocido se mezcla con lo desconocido por medio de un método que combina el espíritu y la materia, el Yo, la sociedad, el universo; todo expresado en un lenguaje esotérico de poesía y números.

En su libro sobre las mitologías, Giorgio di Santilena habla de una estructura global amplia de pensamientos, que existieron antes de la época de los antiguos griegos, y que ha perdurado hasta nuestros días en forma de relatos mitológicos y cuentos de hadas, que no se entienden en la actualidad como se suponían entonces. Las personas que se cuentan entre los pocos individuos que pudieron conservar fragmentos "del todo extraviado" fueron Platón, quien dio al Occidente el fundamento de la filosofía moderna, y Pitágoras.

Bruno Bettelheim, quien goza de una reputación mundial en el tema de la psicología infantil, escribe acerca "del significado y la importancia de las leyendas en su libro, *The Uses of Magic*: "En la mayoría de las culturas no existe una diferencia significativa entre la mitología, los cuentos populares y las leyendas infantiles. En los países

El filósofo ruso cristiano, Nicolas Berdyaev (1874-1948) luchó con el problema de la reencarnación en la teología:

La popularidad de la teosofía y de la antroposofía se debe precisamente a la enseñanza de la reencarnación. Y la debilidad y la irracionalidad de las enseñanzas teológicas relacionadas con el génesis del alma y su destino final, son la causa de esta popularidad. Es difícil el poder reconciliarnos con la enseñanza tradicional, según la cual el alma se origina en el momento de la concepción y en ese instante se contrae el pecado original como si éste fuera una enfermedad contagiosa. También es difícil aceptar la otra enseñanza, según la cual el alma es producto de un proceso hereditario y adquiere el pecado original como si fuera una enfermedad hereditaria. Ninguna de estas enseñanzas... proporciona, de manera alguna, una justificación para el sufrimiento humano ni para las injusticias del destino personal. Sin embargo, lo que es más intolerable es la enseñanza del sufrimiento eterno en el infierno. (...) Cualquier intento por fabricar una enseñanza sensata respecto al infierno, despierta una protesta moral. (...)

La enseñanza de la reencarnación es sencilla. Hace que el misterio del destino humano se torne racional y... reconcilia al hombre con el sufrimiento de la vida (aparentemente) injusto e incomprensible... el hombre deja de comparar su destino con el destino feliz de otras personas y lo acepta.

Nicolas Berdyaev, *Transmigration of Souls.*

nórdicos se tiene una palabra que incluye todos estos tipos de literatura: saga. Algunas de las leyendas y cuentos populares se originan en relatos mitológicos y otros son una combinación de ambos. Todos describen las experiencias de la sociedad y la sabiduría ancestral que se transmite de una generación a la siguiente. La mitología transmite sus temas en una forma muy especial, más grande que la vida, con un poder espiritual. El encumbrado y sagrado poder divino se presenta por medio de héroes sobrehumanos que se encuentran en un estado de interacción con los seres humanos. Las leyendas infantiles se presentan de una manera más sencilla. No se requiere que el lector o el que las escucha haga el menor esfuerzo. Los relatos de esta clase estimulan, dan esperanzas para el futuro y hacen posible un final feliz".

El Fénix, símbolo de eternidad

Durante milenios, el símbolo principal de la inmortalidad y de la reencarnación, ha sido el Fénix, ave legendaria hermosa y única en su género que vive mucho tiempo (500-600 años) y habita en la selva. La leyenda dice que, en última instancia, el pájaro se calcina para renacer joven y flamante de sus propias cenizas y poder vivir, durante cientos de años, a través de otra reencarnación. Cuando lo consumen las llamas, queda una sola chispa, que simboliza su inmortalidad. De esta centella surge nueva vida.

Existe una leyenda semejante en el *Phybeologos* —una colección de cerca de cincuenta alegorías cristianas que se relacionan con el mundo animal—. Aunque la iglesia prohibió este material literario, en la Edad Media se leía con sumo entusiasmo. El Fénix se describe como una criatura maravillosa que se originó en la India y que flotó en las alas del viento durante 500 años. Después, siguiendo la fragancia de las especias, voló hacia Egipto, en donde entró en el templo de la Heliópolis. El ave se quema sobre el altar hasta que se vuelve cenizas. Al día siguiente, surge de las cenizas un pájaro joven y nuevo, cubierto de plumas. Al tercer día, el ave saluda al sacerdote y remonta el vuelo.

E. V. Conley, un escritor que vivió en el siglo XIX, mencionó que es un fenómeno de un interés especial, el poder encontrar relatos mitológicos semejantes entre diferentes personas que vivieron tan lejos unas de otras. El Fénix también aparece en las antiguas leyendas de Irlanda, en Japón, donde se conoce como el Kirin, y en Turquía, en donde lo llaman Karkas.

Por supuesto que la idea central en la alegoría del Fénix, sugiere el concepto de la vida eterna y de la reencarnación, pero tiene muchos aspectos en el sentido de la vida del alma, la historia y la época. Hasta la idea de que este pájaro es único en su especie y por lo tanto no tiene compañera, resulta significante: el ser que experimenta la reencarnación es asexual y espiritual.

Según Conley, el Fénix representa la creación y la destrucción del mundo, la que, en la opinión de muchos, la origina el fuego.

Heródoto también menciona al Fénix y lo describe como un pájaro legendario y sagrado. El ave se menciona con frecuencia en *El libro de los muertos*, de origen egipcio, en el que se le conoce como "el ave de Hebnu". Se supone que la leyenda del ave se originó en Grecia, en donde simbolizaba el espíritu y el alma que nunca mueren.

Finalmente se alcanza el nivel más alto después de la muerte. *El libro de los muertos* egipcio expresa: "Yo soy el pájaro Hebnu, el corazón y el alma de Ra... el corazón y el alma de los dioses, o seres esclarecidos, que de vez en cuando, cuando lo desean, bajan a la Tierra. El alma-espíritu pasa por un proceso especial. Se destruye y se vuelve a construir en una nueva forma, y cada estrato de su forma física se torna más excelso que el anterior".

El filósofo, P. M. Cornford de la Universidad de Cambridge, escribió en su libro *From Religion to Philosophy:* "La reencarnación es una doctrina fundamental en el campo del misticismo. Esta vida, que se renueva de manera incesante, surgió de la condición opuesta que se conoce como la muerte. Del otro lado del espectro, se termina de nuevo. En esta idea de la reencarnación encontramos la primera interpretación del círculo de la existencia, el círculo de la vida, que se divide en dos partes —la oscuridad y la luz—. La vida, o el alma, emprende una jornada eterna, va de un lado para el otro, encarcelada en el círculo de la vida, conservando su identidad personal. El alma pasa a través de todas las formas de vida, y no es en realidad "humana". La vida humana no es sino una forma de las muchas por las que pasa el alma. El alma es sagrada y eterna, está hecha de la misma sustancia de la que todas las almas del mundo están formadas. En este sentido, se conserva la unidad de vida. Sin embargo, cada alma tiene su originalidad atómica que se salvaguarda a través de todas las reencarnaciones".

En el arte y la arquitectura de la cultura budista, la rueda o círculo de la vida se describe como un símbolo del karma y de la reencarnación. Este símbolo también se encuentra en la bandera budista. Tan pronto como Buda alcanzó la iluminación, su primera ceremonia se denominó "dar vuelta a la rueda de la ley". El círculo o rueda de la reencarnación también se encuentra en Grecia e Italia, así como en Creta, en obras que se atribuyen al siglo IV y V a.C. Véanse también las cartas del Tarot.

Desde un punto de vista filosófico, también es posible considerar la rueda de la vida como un símbolo poderoso de la lucha humana por lograr el esclarecimiento y la armonía —la identificación y desarrollo del estado consciente, del cuerpo y de la personalidad—. Todo esto conduce a una perspectiva desequilibrada. El centro inerme de la rueda de la vida —en donde se localiza el "Yo eterno"— es el lugar más elevado al que se puede llegar. Los altibajos de la reencarnación, aunque uno los experimente, no ocasionarán un sentimiento de pérdida o sufrimiento espiritual. Como Krishna dice en el Bashvad Ghita: "En el corazón de cada ser hay un maestro, Yeshvara, quien a fuerza de su magia hace que todas las cosas y todas las criaturas se muevan sobre la rueda universal del tiempo, para que en ella encuentren un albergue para su alma". Yeshvara es la esencia, el espíritu sin sexo que se encuentra en cada ser de la creación.

Joseph Campbell dijo: "Aquellos que se identifican con el cuerpo humano que les ha sido dado, no pueden evitar el dolor y sufrimiento innecesario, porque para ellos la última etapa del cuerpo es la terminación de todo".

A la inversa, aquellos que han encontrado el lugar apacible en su interior, alrededor del que todo se mueve, aceptan todas las cosas como son. Según la perspectiva de Occidente respecto a la figura "del héroe", Campbell asegura, que el héroe es, de hecho, una persona específica, un humano, cuyo fin es la muerte.

En contraste, en el Oriente, el héroe es una figura mitológica que pasa por reencarnaciones. Como se cita en el Ghita: "Él nunca nace, nunca se muere, nunca fue, y nunca será. Él es eterno, no cambia y es muy longevo".

Albert Schweitzer (1875-1965), médico, presbítero y músico, explicó el concepto de la reencarnación de la siguiente manera:

El concepto de la reencarnación contiene una explicación de la realidad muy estimulante, por medio de la cual el pensamiento del aborigen supera las dificultades que desconciertan a los pensadores de Europa. (...) Por el razonamiento de la idea de la reencarnación el pensamiento del indígena se puede reconciliar con el hecho de que muchas personas en su mente y en sus actos todavía están enfrascadas en el mundo. Si suponemos que sólo tenemos una existencia, surge el problema, sin solución, que cuestiona lo que le sucede al ego espiritual que ha perdido todo contacto con el Padre Eterno. Los que apoyan la doctrina de la reencarnación no enfrentan dicho problema. Para ellos esa actitud, que no es espiritual, sólo significa que esos hombres y mujeres no han logrado la forma de existencia purificada en la que tendrán la capacidad de conocer la verdad y traducirla en acción.

Albert Schweitzer, *Indian Thought and Its Development* (1952).

Una inundación en Bangladesh

Jan empacó sus pertenencias y subió al avión, con la intención de no volver. Sentía como si nunca hubiera abandonado Bangladesh.

Durante el año anterior, no había dejado de soñar en niños de piel oscura y facciones angulosas y en personas que nadaban en aguas turbulentas, que navegaban en sencillas barquichuelas de madera, que pescaban o se detenían en los interminables arrozales.

Cuando habló de sus sueños con su amigo, Van Riebeeck, catedrático y psiquiatra de la universidad, él le sugirió que se sometiera a un proceso de hipnosis. Al principio, Jan vaciló, pero al final triunfó la curiosidad. Se reunió con Van Riebeeck, un total de cinco veces. En el transcurso de sus reuniones, le quedó claro que había vivido en Bangladesh, en una vida pasada. Lo que había visto en sus sueños eran imágenes auténticas de la vida de los indígenas. Se vio a sí mismo como un niño pequeño, de piel oscura, que se ahogaba, junto con sus padres y su hermana en una enorme inundación, una de las muchas que ocurren cada año en la región.

Jan, de 53 años, nació en una población pequeña en Ámsterdam, Holanda, y creció ahí. Un niño delgado, de piel blanca con ojos claros y cabello rubio, era el tercero de siete hermanos, hijo de padres pobres.

Mientras todos jugaban, él era el único que ayudaba a sus hermanas mayores con los quehaceres domésticos. Cuando era muy joven, decidió que iría a la universidad para lograr una profesión estable. Cuando tenía 10 años, solía llegar, por la mañana, a una panadería que quedaba cerca de su casa, y de ahí, empezaba a acelerar su bicicleta por todas las calles del barrio para repartir panecillos frescos y leche. Le daba el dinero a sus padres. Al iniciar la educación media superior, no tardó en notarse el talento excepcional y las aspiraciones de ese joven alto y delgado, por lo que se le otorgó una beca generosa. Eso pavimentó su camino a la universidad. Jan pasó siete largos años estudiando ingeniería y se especializó en presas o diques. Terminó sus estudios con los honores de un *cum laude*. Durante más de 20 años trabajó y ayudó a todos los miembros de su familia. Nunca se casó ni estableció un hogar. De alguna manera, no se sentía ubicado ni en su medio, hasta que empezaron los sueños.

Al finalizar ese año, sus padres murieron en un accidente de carretera, Jan se sintió solo y sin nadie de quién ocuparse. Sus hermanos y hermanas, que ya estaban casados, se habían dispersado por todo el país. En cuanto a él mismo, tenía el deseo de viajar a algún lugar distante, al lugar que todas las noches aparecía en sus sueños.

En 1988, el río Bramahputra se desbordó. En ciertos lugares, los torrentes de agua alcanzaron un radio de 16 kilómetros. Los altos diques de piedra se colapsaron como

Arthur P. Shepherd (1885-1968), canónigo de la catedral de Worcester en Inglaterra, en una de sus conferencias se refirió al concepto de la reencarnación de la siguiente manera:

Si situamos en nuestro pensamiento imparcial el concepto de la reencarnación como un proceso de la evolución humana, descubriremos en él la respuesta a los problemas de la situación del nuevo mundo. (...) Así también, el panorama amplio de las masas insensatas y los movimientos de las nebulosas tachonadas de estrellas, se transforman en un universo de seres espirituales, y en relaciones creativas infinitas entre sí mismas y el hombre. La perplejidad de la historia, con su procesión de civilizaciones que surgen y se derrumban, se considera como un peregrinaje de la humanidad consistente en un descenso y ascenso espiritual, en el que todos nosotros tomamos parte, y en el que la reencarnación individual recurrente, es el principio de unificación y progreso. Del mismo modo, la aparente falta de adecuación de una sola vida terrenal, o su esclavitud a una deficiencia física o mental, moral o circunstancial, recibe una nueva esperanza y comprensión en la realización del proceso de la reencarnación. Por último, existe la certeza de que en todo esto, el hombre nunca ha estado solo. El Cristo, cuya encarnación terrenal nos la atestiguaron los evangelios, siempre ha pastoreado el camino de la evolución del hombre, y desde que descendió a nuestra vida terrenal, siempre está con nosotros, para que lo encuentren aquellos que lo buscan.

Arthur P. Shepherd (1961).

trozos de grava. Las enormes cantidades de agua que fluían de las montañas del Himalaya, causaron la muerte de miles de personas que se ahogaron cuando eran arrasadas por las corrientes de agua. La capital, Dakka, se dañó, pero permaneció en pie.

El único hombre blanco que murió en la inundación, según lo anunciaron en los periódicos, fue Jan van Riebeeck —el experto en diques.

Desde Irlanda con amor

Edith Pior vivió toda su vida en Nueva York. Enviudó a la edad de 22 años, un año después de haber contraído matrimonio. Era joven y bella y sabía que tenía un futuro por delante. Dos años después, se caso con Bruce Goldwyn, farmacéutico por profesión, a quien había conocido por casualidad, un día que fue a comprar algunos medicamentos para su hijo Steven.

Bruce Goldwyn tenía dos hijos de un matrimonio anterior. Los 10 años de diferencia que había entre ellos dos, no le preocupaba a Edith. Por el contrario, sentía que él podía darle la seguridad y el apoyo financiero que tanto necesitaba.

Edith y Bruce contrajeron matrimonio en una pequeña y modesta ceremonia. Además de sus padres, su hermana y Steven, por supuesto que también estuvieron Bruce, sus padres y sus dos hijos. Unas dos docenas de amigos se apiñaron en el jardín después de la ceremonia y disfrutaron del refrigerio. Las mesas tenían manteles de seda de color rojo y blanco, los colores favoritos de Edith. Después de la ceremonia, partieron para Los Ángeles a su luna de miel y después regresaron a Nueva York. El idilio continuó.

De manera gradual, casi imperceptiblemente, Bruce empezó a llegar tarde a su casa. La sospecha de Edith iba en aumento, así que una noche fue a la farmacia. Al llegar a la esquina de la calle en donde se ubicaba la farmacia, apagó las luces y avanzó silenciosamente en su Cadillac blanco. En ese preciso momento, vio que Bruce apagaba las luces y salía de la farmacia. Lo vio cerrar la puerta con rapidez y entrar en un automóvil grande de color azul que lo esperaba en la esquina. Durante un breve instante, cuando las luces del carro se prendieron, Edith vio el perfil de una mujer rubia, y después se apagaron las luces. El automóvil arrancó con rapidez y Edith regresó a casa. Bruce llegó a casa tres horas después. Edith estaba esperándolo sentada en el sillón de piel de la estancia. Estaba pálida y sostenía una botella, casi vacía, de whisky.

Cuando Bruce entró, ni siquiera trató de justificarse. Le contó todo: él y Ilona Curtis se habían conocido en la sala de espera del psiquiatra. Bruce había ido, por propia iniciativa, a consultar al doctor Barto, un reconocido hipnotizador. Se quería liberar de la tensión, Ilona había ido al mismo lugar porque deseaba dejar de fumar. Un día, en la sala de espera, empezaron a conversar y después se reunieron para tomar un café.

Su aventura amorosa se encendió como un relámpago. Parecía como si siempre se hubieran conocido. Bruce fue el primero que propuso la idea de la hipnosis, así que ambos le pidieron al doctor Bruce que los hipnotizara por separado para descubrir el secreto de su atracción mutua.

Un mes después, el doctor los invitó a una sesión en la que estuvieran los dos presentes; puso una grabación que contenía lo que se había dicho bajo la influencia de una

Respecto a la creencia en la reencarnación en África, el doctor E. G. Parringer escribe:

Para la mayoría de los africanos, la reencarnación es algo bueno. Es un regreso a este mundo iluminado por el sol, para tener otra etapa de vida vigorizante. No tenemos idea del número de encarnaciones posibles, ni de las investigaciones sobre éstas, que la presentan como algo deseable. (...) Por el contrario, es nefasto no volver a nacer, y el no tener hijos es una gran maldición porque bloquea el canal de la reencarnación. De aquí, la gran atención que se presta a la fertilidad y la creciente popularidad de la poligamia, pues el ancestro sólo se reencarna en su propia familia. (...) Es una práctica común llamar a la profetisa durante el nacimiento de un niño, para que manifieste cuál ancestro se reencarna, y los parecidos familiares se explican debido al manejo de la misma "sustancia del alma". (...) Para describir la reencarnación, se utilizan varias expresiones. Algunos habitantes de África Occidental la llaman "la descarga de una rama", y otros "un ciclo recurrente". En el último caso, se utiliza la misma palabra para describir una vid que se enreda alrededor de una estaca, y que reaparece continuamente, cada vez más arriba.

E. G. Parringer, "Varieties of Belief in Reincarnation", *The Hibbert Journal* (abril 1957).

hipnosis profunda. Ambos reportaron que se habían conocido hacía unos trescientos años. Ambos pronunciaron palabras en un dialecto irlandés antiguo y describieron los lugares en donde se habían reunido.

Ella era una jovencita de una pequeña población de Irlanda. Él era su novio, el pescador que había salido al mar una noche y no había regresado. Ella juró amarlo para siempre, y se lanzó a su propia muerte en las olas del océano, desde un peñasco a las orillas de su pueblo.

Iliona y Bruce fueron a Irlanda por dos semanas. Las descripciones de la grabación coincidían totalmente, hasta el último detalle. No había explicación posible. Tres meses después, ambos decidieron dejar a su pareja y consumar el amor que les había sido arrebatado en el pasado.

Edith se quedó sentada en silencio y escuchó el relato de Bruce. Permaneció ahí durante mucho tiempo, hasta que lo oyó empacar y salir por la puerta principal.

Un sueño sudamericano

Pnina Cohen leyó por primera vez, en 1968, el libro de Erick von Däniken, *Chariots of the Gods*. El libro era nuevo y estaba causando sensación. Como era una jovencita de 15 años, Pnina se elevó en las alas de su imaginación y se vio haciendo una excursión en Perú. Volaba en un helicóptero sobre la planicie de Nazca, y observaba las líneas y geoglifos gigantescos y trataba de discernir la forma en que cambiaría la faz del mundo. Después llegaron sus años de educación media superior, su primer amor y el ejército.

Cinco años después, Pnina llegó a Perú. Había conocido a Ricardo, su esposo, en una base militar aérea. Él era un soldado voluntario y Pnina supo desde el principio que su relación sería seria. Al principio ella tenía desconfianza, pero después del persistente galanteo, estilo europeo, ella cedió. El amor floreció, y un año después, Ricardo le propuso matrimonio. Ella aceptó. La modesta ceremonia se llevó a cabo en una sinagoga, y en dos semanas estaban en camino al extranjero. Después de una luna de miel en un hotel de lujo, rentaron un pequeño departamento cerca de donde vivían los padres de Ricardo. Eran personas de edad avanzada, muy agradables, pero con las que Pnina no podía comunicarse. Ellos no hablaban inglés y ella no sabía español.

Después de esto, Pnina empezó a despertar por las noches. Tenía visiones, parecidas a una serie de televisión. Cada noche veía algo distinto: cráneos alargados con un orificio en el lado izquierdo de la frente, dibujos excéntricos sobre paredes de piedra, templos, y playas rocosas. Empezó a dibujar lo que veía y le enseñó los bocetos a su esposo. Pudo ver, por la expresión de su rostro, que estaba estupefacto. Empezaron a viajar los fines de semana. La llevó al templo en Nazca. Ella reconoció de inmediato la nave central del templo, que tenía una forma como de siete trapecios, así como las gigantescas pinturas de monos y ratas, las playas rocosas y la planicie del desierto. Sentía que conocía cada lugar.

Después de seis meses, Pnina ya había aprendido a hablar español. Ella y Ricardo fueron a visitar al chamán de la localidad, quien, después de una ceremonia especial, entró en trance y le informó en un tono confidencial que ella había vivido en ese lugar hacía cientos de años. Ella había sido el médico que trataba a los pacientes y les perforaba los cráneos en el lado izquierdo de la frente, con el fin de exorcizar a los espíritus malignos que los poseían.

Patrick Bowen, quien vivió en África durante muchos años, describe, dentro del contexto de la reencarnación, el vínculo que existe entre los seres humanos y los animales:

Cuando era un niño de entre diez a doce años, mientras viajaba en el vagón de mi padre, a través de las mesetas pobladas por arbustos, del Transvaal del Norte, me hice amigo de muchos *Isanusi* (hombres sabios) de la tribu de los zulúes. Uno de ellos, Mankanyezi (el Tachonado de Estrellas) me dijo, "Dentro del cuerpo hay un alma; dentro del alma hay un chispa de *Itongo*, el Espíritu Universal. Después de la muerte del cuerpo, *Idholozi* (el alma) flota en el aire por un tiempo cerca del cuerpo, y después se va hacia el *Esil-Weni*, el Paraje de las Bestias. Esto es muy diferente a entrar en el cuerpo de una bestia. En el *Esilweni*, el alma toma forma, parte bestia y parte humana. (...) Después de un periodo de tiempo, corto o largo, según la fuerza de la naturaleza del animal, el alma se deshace de su forma de bestia, y sigue su camino hacia un lugar de descanso. Ahí duerme, hasta que llega el tiempo en que *sueña* que en la Tierra la espera algo que debe hacer y aprender; entonces despierta, y regresa a la Tierra, a través del Paraje de las Bestias, y nace una vez más como niño. Una y otra vez, así viaja el alma, hasta que el último hombre se convierte en un Hombre verdadero, y su alma, cuando el cuerpo muere, se identifica con el *Itongo*, de donde vino".

P. G. Bowen "The Ancient Wisdom in Africa", *The Theosophist* (agosto 1927).

[illegible]

[illegible] intereses [illegible] apoyo [illegible]

[illegible] Universidad [illegible]

[illegible]

De regreso a casa

En 1982, después de casarse, Ricki Levin llegó a Johannesburgo. Toda la familia de Teddy, su nuevo esposo, todavía estaba en Sudáfrica, y les insistía que se fueran a trabajar allá durante dos años para que ahorraran dinero.

Una semana antes de su partida, Ricki se las arregló para lograr una visita con un famoso adivino. "Tu hogar no está aquí, viajarás del otro lado del mar. Vivirás en medio de selvas y cascadas. Ahí es adonde perteneces, viniste de allá y regresarás allá..."

Ricki pronto olvidó la profecía. Llegó a Johannesburgo, y aunque le tomó mucho tiempo el adaptarse, cada vez se encariñaba más con el lugar.

Transcurrieron cinco años. Ricki y Teddy tuvieron dos hijos. La fecha de su regreso se posponía una y otra vez, cada vez por una razón diferente. Mientras tanto, su relación se deterioró. De manera gradual se fueron distanciando, cada quien se ocupaba de sus propios asuntos.

Ricki empezó a salir los sábados a visitar lugares de interés con su amiga Cheryl. En uno de esos viajes, llegaron a un lugar pequeño en las afueras de una ciudad cercana: la aldea zulú, que se caracterizaba por su gente de raza negra, vestida con sus atuendos tradicionales, por sus chozas primitivas hechas de paja, sus puestos cargados de artesanías propias del lugar, y por la típica música africana que reverberaba en el aire.

El pequeño anfiteatro estaba atestado de docenas de turistas alemanes y americanos que llevaban su cámara para tomar fotografías. A las tres de la tarde, después de una comida ligera y varios tarros de cerveza fría, el sonido de los tambores se escuchó con más fuerza y de repente apareció un grupo de danzantes. La actuación fue sorprendente: vestidos típicos llenos de colorido, canciones y ritmos desenfrenados... Al final de la presentación, Ricki y Cheryl bajaron hasta el ruedo y comenzaron a danzar de manera espontánea e improvisada. Los danzantes quedaron asombrados, y en una conversación que tuvieron más tarde frente a un tarro de cerveza, intercambiaron información.

Uno de los danzantes, Emily, le pidió a Ricki su número telefónico. Nunca habían visto a una mujer blanca bailar de esa manera, y a Emily no le avergonzó decirlo. Por su parte, Ricki se emocionó muchísimo. Sentía la música en sus huesos y podía imitar los movimientos característicos de la danza zulú con una exactitud impresionante.

Ricki estuvo muy taciturna durante el regreso a su enorme casa, que estaba rodeada de una barda alta y blanca, y que se encontraba ubicada en uno de los suburbios de Johannesburgo. Esa noche, le costó trabajo conciliar el sueño. Eso es, he regresado a casa, fue el sentimiento profundo que la invadió. Nunca había experimentado una sensación de pertenencia tan fuerte.

Se quedó en casa durante dos semanas. A finales de la tercera semana, ya no pudo aguantar más y regresó, ella sola, al lugar en donde ella sabía que el grupo estaba actuando. Los integrantes del grupo la recibieron con un aplauso, y otra vez bailó con ellos. De nuevo, advirtió una sensación sublime de felicidad y satisfacción, como si una realización de vida se hubiera dado en esos momentos. Desde ese fin de semana, durante seis meses, se convirtió en la atracción del grupo de danzantes. Una mujer blanca, ataviada con el traje tradicional de los zulúes, bailaba junto con las personas de raza negra y coreaba sus canciones. Sintió que su lugar estaba con el grupo de danzantes, y los llegó a conocer de manera personal, por su nombre y por la historia de la vida de cada uno.

Cuando su amiga Emily le sugirió que fuera con ella a visitar a su familia, a Ricki le fue imposible rehusarse. Viajaron toda la noche en un camión pequeño. A la mañana siguiente, Ricki se despertó ante un día brillante, en la ribera de un enorme lago rodeado de una selva densa. Todos los pequeñitos de cabello rizado y los hombres y mujeres de raza negra, miraban con curiosidad a la mujer blanca que estaba muy delgada. Le jalaban su cabello rubio y largo, hasta que por fin se lo peinó en dos trenzas. Una vez más, Ricki experimentó la misma sensación fuerte de *dejà vu* (ilusión de haber experimentado una situación que en realidad se presenta por primera vez). A pesar de que era tan diferente a ellos, pertenecía ahí... había crecido ahí...

Al anochecer, en medio de la aldea, alrededor de una fogata, conoció a Sangoma, el curandero del lugar. Su amiga del grupo le tradujo sus palabras: "Tú naciste aquí y viviste aquí en una encarnación previa. Ahora has regresado a casa; te estábamos esperando..."

Transcurrió una semana y cuando regresaron a la gran ciudad, decidieron rentar un departamento para las dos. Ricki regresó a casa para empacar sus maletas. Su esposo no dijo mucho. Los niños se quedaron con él y ella se fue a vivir en un departamento de dos recámaras en el centro de Johannesburgo. Una vez a la semana, Ricki iba a la aldea y fue ahí que recordó la profecía del famoso adivino. "Tu hogar no está aquí... Vivirás en medio de selvas y cascadas..."

El protagonista de *La trágica historia del doctor Fausto*, Christopher Marlowe, lamenta el hecho de que nunca reencarnará como animal, según la ideología Pitagórica:

¡Ah, la metempsicosis de Pitágoras! Si fuera cierta,

¡esta alma saldría volando de mí y yo me transformaría

en alguna bestia implacable! Todas las bestias son felices,

porque cuando mueren,

sus almas pronto se funden en los elementos;

pero la mía tiene que vivir, para todavía ser atormentada en el infierno.

Christopher Marlowe, *El doctor Fausto*.

Un viaje a Sudamérica

Durante diez años, los Afutas habían programado un viaje a América. Ambos eran israelíes, y nunca habían salido del país, aunque los dos ya tenían 30 años.

Se habían conocido durante su servicio militar en una base al sur del país. El amor floreció en el desierto.

En agosto de 1966, cuando Avi Afuta estaba a punto de ser liberado de su obligación en las fuerzas de la defensa de Israel, en una noche de luna, le propuso matrimonio a Ofira. Ella aceptó con agrado. Los padres, por ambos lados, juntaron sus recursos y le compraron a la joven pareja, como regalo de bodas, un departamento de dos recámaras en una calle tranquila en Bat Yam. En un momento de impulso, Avi Afuta les pidió prestadas 400 liras a sus padres y compró una máquina de tejer sencilla. Trabajaba día y noche, iba de tienda en tienda en la ciudad, y vendía su mercancía. En el lapso de seis meses, Avi ya se había cambiado a un lugar más amplio en la zona industrial de Tel Aviv. Instaló dos máquinas de tejer en una esquina del enorme almacén y empezó a trabajar con mucha energía. Su esposa Ofira iba a ayudarle. El tiempo transcurrió, el negocio creció y su cuenta bancaria también se incrementó. Hasta pudieron arreglárselas para ahorrar una suma considerable de varios miles de dólares.

Pasaron diez años, Lior y Hagit, los gemelos que nacieron dos años después de su matrimonio, ya tenían ocho años. Avi y Ofira Afuta decidieron realizar su sueño de toda la vida: dejaron a los niños con su abuela Hannah y en un día lluvioso de invierno, partieron para Nueva York.

Después de un vuelo largo y cansado, el avión aterrizó en Nueva York, en medio de una tormenta de nieve. Los guías del viaje, acomodaron al grupo de israelíes, quienes tenían frío y estaban ya cansados, en un camión que los condujo hasta un motel rústico que quedaba a 15 minutos del aeropuerto.

El plan era pasar la noche ahí y cambiarse al Holiday Inn a la mañana siguiente. Después de registrarse, a Ofira y Avi se les instaló en una habitación pequeña y deteriorada del segundo piso. El cuarto estaba amueblado de manera sencilla, con muebles pesados de madera: una cama, dos cómodas con cajones, y un closet de tres puertas. La puerta de en medio tenía un espejo grande.

Dejaron sus maletas abiertas, sacaron el mínimo de cosas para su corta estancia de una noche, se bañaron y se acostaron lo más rápido que pudieron.

La tormenta de nieve continuó durante todo el día siguiente y aún fue más intensa. Los miembros del grupo se quedaron varados en el pequeño hotel. Entre comidas, la mayoría se alegraba de poder reponer el sueño.

Avi y Ofira se despertaron tarde. Bajaron al restaurante, comieron, y volvieron de inmediato a su habitación. Pronto se quedaron dormidos. En un momento dado, Avi despertó, bañado en sudor. La habitación estaba un poco oscura y no sabía qué hora era. Todo lo que sabía era que había tenido un sueño muy extraño. Se vio portando un uniforme militar muy extraño y un gran sombrero. De su cinturón colgaba un arma. Se vio parado frente a un espejo diciendo: "¡Busca el tesoro que está detrás de ti. Hay mucho dinero ahí!" Avi despertó asustado. Se levantó y fue al baño, se lavó la cara y se rasuró. Mientras miraba su cara que se reflejaba en el espejo, se limpió el resto de la espuma de afeitar y de repente comprendió todo.

Con el corazón acelerado, fue a la maleta y sacó una navaja pequeña de un pequeño maletín de viaje hecho de plástico. Se fue de prisa al closet del otro cuarto. Los cuatro tornillos pequeños rechinaron por la presión de su mano ingeniosa. Retiró el espejo y lo colocó con sumo cuidado sobre el piso de madera.

Detrás de una capa de periódicos amarillentos que estaban en el hueco dentro de la gruesa puerta, vio unos lingotes radiantes de oro puro formados en hileras.

Ofira despertó y vio con asombro a su esposo mientras sacaba 30 lingotes de oro de la puerta del closet. Avi acababa de poner el espejo en su lugar cuando alguien tocó a la puerta. El guía del viaje los había ido a llamar para que salieran. Ese día, Avi y Ofira no fueron a ninguna parte. Pidieron un taxi y fueron a depositar el oro en un banco cercano.

Cada año durante los diez años siguientes, la pareja llegaba a Nueva York. Compraron un departamento en la Quinta Avenida y se quedaban ahí durante sus visitas. Ampliaron el negocio en Tel Aviv hasta que se volvió el más importante de la industria.

El éxito les sonreía. Nadie entendía cómo era posible que hubieran hecho tanto dinero y se hubieran convertido en una de las parejas más acaudaladas del país. El único *souvenir* que guardaron de ese viaje venturoso eran una o dos páginas amarillentas de periódico...

En el diálogo, *Menón,* Platón cita a Sócrates sobre la inmortalidad del alma:

Sócrates: He escuchado de ciertos hombres y mujeres sabios que hablaban... de una verdad gloriosa, como yo la imagino.

Menón: ¿Cuál es?, y ¿quiénes eran ellos?

Sócrates: Algunos de ellos eran sacerdotes y sacerdotisas, quienes habían estudiado la forma en que se pudiera dar una justificación para su profesión: también ha habido poetas que hablaron, a través de la inspiración, de estos temas, como Pindar, y muchos otros que estaban inspirados. Y ellos decían —determina, ahora, y ve si sus palabras fueron verídicas— que el alma del hombre es inmortal, y que en cierto tiempo se termina, lo que se denomina muerte, y en otro tiempo vuelve a nacer, pero que nunca se destruye. Y la moraleja es, que un hombre debería vivir siempre en santidad perfecta. (...)

El alma, entonces, como es inmortal, y ha vuelto a nacer muchas veces, y ha visto todas las cosas que existen, tanto en este mundo como en mundo inferior, tiene conocimiento de todo; y no es de sorprenderse que ella pueda ser capaz de recordar todo lo que ella sabía sobre la virtud y sobre todo lo demás; pues como toda naturaleza es semejante, y el alma ha aprendido todas las cosas, no es difícil que ella pueda deducir, o como los hombres dicen, aprender, de una sola reminiscencia, todo lo demás, si un hombre es tenaz y no flaquea; porque toda averiguación y aprendizaje es sólo un recuerdo.

Diálogos de Platón, traducidos por Jowett (1937).

Una muerte blanca

Francine McNey enviudó a la edad de 50 años. Jerry, su difunto esposo, que había sido un hombre de negocios, le dejó mucho dinero. Estaba segura de que nunca se tendría que preocupar por su sostenimiento, aunque su hijo Jeff no la ayudara. Jeff había salido de su casa cuando tenía 20 años, como parte de su rebeldía. Se había ido a Los Ángeles y ahí se había hecho rico. Una vez al año regresaba de visita en un automóvil de lujo, y cada vez traía una mujer diferente colgando de su brazo. Siempre estaba enojado y de pésimo humor. Sus padres, después de tratar durante años de aplacarlo, se dieron por vencidos. Decidieron disfrutar la vida ellos solos.

Jerry y Francine viajaron por todo el mundo. Cada dos o tres meses, Jerry dejaba sus oficinas en manos de su personal, pues todos eran expertos y responsables, y se subía a un avión con su encantadora esposa para dirigirse a diversos destinos. Visitaron el Lejano Oriente, las islas del Caribe, Nueva Zelanda y Australia. En los dos últimos años, regresaron a Suiza. Habían estado ahí por primera vez hacía tres años antes y habían quedado encantados con la tranquilidad del entorno y los alpes nevados. En su opinión, el lugar perfecto era Davos. Era un lugar fascinante que atraía a esquiadores intrépidos de todo el mundo. En poco tiempo, Francine y Jerry se volvieron esquiadores expertos. Compraron el equipo más moderno y los mejores trajes.

Mientras los dos estaban esquiando por las laderas cubiertas de nieve, era imposible no admirar sus proezas impresionantes. Ya no eran necesariamente jóvenes, ambos tenían cerca de 50 años, pero sin duda alguna sabían cómo disfrutar la vida al máximo.

La tercera vez que regresaron a Suiza para disfrutar unas vacaciones blancas, como Jerry las llamaba, Francine tuvo un presentimiento. Su entusiasmo inicial disminuyó cuando, dos días antes del viaje, Kate, la mamá de Jerry, se le apareció en sueños. Trataba de empujar a su hijo hacia un lado y salvarlo, pero todo era inútil. En cuestión de segundos, ambos estaban enterrados bajo una enorme avalancha...

Francine se despertó gritando de terror. Jerry se levantó y fue a la cocina para llevarle un vaso de leche caliente. La calmó, y después de que escuchó el relato, se echó a reír. Le recordó que él había estado en un orfanato hasta la edad de diez años y nunca conoció a su madre biológica. Sus padres adoptivos gozaban de salud y vivían cómodamente en un casa de descanso para ancianos en Pennsylvania, no muy lejos de donde vivían Francine y Jerry. Así que no había necesidad de preocuparse...

En retrospectiva, Francine se arrepentía por no haber tomado con más seriedad su intuición. El tercer viaje a Davos, en Suiza, fue el último viaje juntos. Durante la última semana que pasaron ahí, un día, Jerry fue a esquiar temprano por la tarde. Era un día precioso, radiante y con sol.

Francine prefirió quedarse en la habitación que tenía calefacción, leer un libro y descansar. Cuando dieron las cinco de la tarde y Jerry todavía no regresaba, Francine empezó a preocuparse. Bajó a la recepción del hotel y advirtió la cara de preocupación que tenían los empleados. Una avalancha —fue todo lo que escuchó—. Cuando, con voz temblorosa, les dijo que su esposo estaba en algún lado de las laderas nevadas, ella sabía que había sucedido lo peor. Nada ni nadie podía escapar de una avalancha grande, pues va enterrando todo a su paso, bajo docenas de metros de nieve comprimida.

Todo se organizó con rapidez. Los guías y los encargados de rescates emprendieron una búsqueda que duró hasta muy entrada la noche, pero fue inútil. Después de una noche terrible sin dormir, por la mañana, Francine se unió al grupo de rescate. Después de más de tres horas de búsqueda, valiéndose de perros adiestrados, encontraron el cuerpo congelado de Jerry. Después de que Francine se había recuperado del impacto inicial, solicitó que se enterrara el cuerpo de Jerry en el cementerio del lugar. Pensó que le hubiera gustado la idea de que su tumba estuviera en la punta de una colina nevada en medio del silencio pastoril de los alpes.

Lo que no esperaba encontrar en el cementerio de Davos, fue una antigua tumba con una inscripción ya borrosa:

Aquí yace Kate Money

quien murió en una avalancha

en 1939

El poeta alemán, J. W. von Goethe (1749-1832), estaba profundamente interesado en la reencarnación:

Estoy cierto de que he estado aquí, como soy ahora, mil veces antes. (...) Sin embargo, respecto a nosotros, casi parece que nuestras residencias temporales anteriores eran demasiado triviales a los ojos de la naturaleza, como para que merecieran que pensáramos en ellas. (...) No puedo negar que debe haber naturalezas superiores a las nuestras entre las Mónadas (las Almas). Un Mundo de Mónadas puede producir del vientre de sus recuerdos, aquello que probará ser profético, pero que en realidad es una remembranza sombría de algo que hace mucho tiempo expiró. De igual manera, el genio humano, en un instante de reminiscencia, que pasa tan rápido como un relámpago, puede descubrir las leyes que estuvieron implicadas en la creación del universo, porque estaba presente cuando esas leyes se instituyeron.

Como se citó en *Memoirs of Johannes Falk* (1832).

Una muerte candente

Penélope Ligasay llegó a Pompeya por vez primera en 1968 cuando tenía 19 años. Fue su única visita a la ciudad en donde miles de personas habían muerto en una erupción volcánica. Hizo una visita corta con la persona que sería su esposo, Antonio Dabos, un arquitecto joven oriundo de Nápoles. Desde el momento en que llegaron a Pompeya, Penélope se sintió mal. Le llegó un olor a azufre, pero ninguno de los que iban en el camión de la excursión supo a qué se refería. Antonio trató de ser lo más considerado y delicado posible, pero ella no colaboró. Estaba atormentada por un desasosiego e insistía que los dos hicieran el recorrido solos, sin el resto del grupo.

Cuando los demás se habían ido, Penélope tomó la mano de Antonio entre las suyas y le dijo con voz temblorosa: "Sígueme". Lo condujo hasta una especie de pasillo en donde había figuras petrificadas por la lava. Cuando llegaron a los restos de un edificio específico, ella le dijo: "Yo viví aquí; esos son mis padres y ésa soy yo". Ella señaló tres cadáveres fosilizados, dos adultos y un bebé.

Penélope estalló en llanto y Antonio la abrazó y la apretó con fuerza contra su pecho. ¿Qué más podía hacer? Sugirió que se fueran de ese lugar, y eso fue lo que hicieron. Penélope guardó silencio durante todo el camino de regreso. La visita a Pompeya había sido muy traumática para ella. Nunca, pensó para sus adentros, volvería a aquel lugar en donde el destino la había destruido, a ella y su familia. Penélope olvidó todo lo relacionado con Pompeya y el pasado distante. Continuó con sus estudios, se casó con Antonio y tuvo tres hijos.

Cuando tenía 40 años, cuando sus hijos ya habían crecido, fue con su esposo a Colombia en una misión diplomática. La duración de su residencia temporal prevista, duró tres años, durante ese tiempo, viajaron varias veces a Italia. Su estancia en la región Armaro de Colombia tuvo más éxito del que Penélope se hubiera podido imaginar. La gente, el paisaje y el trabajo —todo le encantó—. Solicitó una extensión. El secretario de Asuntos Exteriores de Italia accedió a su petición. Logró establecer lazos comerciales de gran alcance y lucrativos para ambos países. Todos estaban satisfechos. La misión se amplió por otros tres años.

En Colombia, en 1985, el volcán Armaro hizo erupción. Los ríos de lava mataron a 23,000 personas. Entre los muertos estaba Penélope, una representante del Secretariado de Asuntos Exteriores, y su esposo, Antonio, el famoso arquitecto.

El físico y alquimista suizo, Paracelso (1493-1541) expresa sus puntos de vista de la siguiente manera:

Algunos niños nacen del cielo, y otros nacen del infierno, porque cada ser humano tiene sus tendencias inherentes, y estas tendencias pertenecen a su espíritu, e indican el estado en el cual existió antes de que naciera. Las brujas y los hechiceros no se hicieron de repente; nacen con poderes para el mal. El cuerpo es sólo un instrumento; si buscas al hombre en su cuerpo muerto, lo buscas en vano. (...) Es posible que la forma se destruya; pero el espíritu permanece y está vivo, ya que es en sí la vida intrínseca. (...)

El cuerpo que recibimos de nuestros padres... no tiene poderes espirituales, ya que la sabiduría y la virtud, la fe, la esperanza y la caridad, no surgen de la tierra. Estos poderes no son productos de la estructura física del hombre, sino que son los atributos de otro cuerpo invisible y glorificado, cuyos orígenes yacen en el interior del hombre. El cuerpo físico cambia y muere, el cuerpo glorificado es eterno. Este hombre eterno es el verdadero hombre, y sus padres terrenales, no lo generaron. No obtiene su sustento de la tierra, sino de la fuente eterna e invisible de la cual se originó. (...) El cuerpo temporal es una morada de lo eterno, y por lo mismo debemos cuidarlo, porque aquel que destruye el cuerpo temporal destruye la morada del eterno, y aunque el hombre eterno es invisible, sin embargo existe, y con tiempo se tornará visible.

Según cita Franz Hartmann en *The Life of Philippus Theophrastus Bombast of Hohenheim* (1959).

[illegible]

[illegible]

[illegible]

[illegible]

500 metros debajo de la superficie de la Tierra

Kevin McKay simplemente sabía que él había vivido en México en una época pasada. Era tan evidente como lo era la nariz en su rostro. Sólo que no sabía ni dónde ni cuándo.

En 1987, las grutas de Lachugia se abrieron por primera vez, se encontraban en algún lugar de las profundidades lóbregas de las montañas de México: 150 kilómetros de túneles subterráneos, a una temperatura de 20° C y un alto grado de humedad en el aire condensado impregnado de azufre. A pesar de las condiciones tan difíciles, los primeros exploradores reportaron con entusiasmo el hallazgo de unas estalactitas enormes que parecían candelabros, y varias fisuras profundas, más sinuosas e impresionantes que las que hasta entonces habían visto.

Kevin McKay leyó el artículo en una revista científica que solía recibir como catedrático de arqueología en la Universidad de Florida. Al día siguiente hizo una cita con el decano, y al finalizar el semestre, tomó un vuelo directo a México.

Tomó un taxi que lo llevó del aeropuerto hasta la casa de un antiguo amigo, Dale Asivado. Se habían conocido en un congreso de arqueología que se llevó a cabo en 1985. Desde entonces, se mantenían en contacto a través de cartas y reuniones anuales. Dale se sorprendió un poco cuando recibió la llamada telefónica de su amigo Kevin, pero sin dudarlo estuvo de acuerdo en hospedarlo en su casa.

Esa misma tarde, después de comer en un restaurante elegante de la ciudad, Dale entendió la razón de la visita inesperada. Dos semanas antes de leer el artículo sobre la caverna Lachugia, Kevin había empezado a tener sueños extraños. Soñó a su padre y a su madre, quienes habían muerto hacía mucho tiempo. "Vete a casa —le decían—, vete a Lachugia". Kevin estaba sorprendido. Nunca había oído hablar de ese lugar, y sus padres habían vivido toda la vida en Canadá. Él mismo había vivido en Canadá hasta los 25 años, cuando terminó sus estudios en la Universidad de Toronto. El hogar que conocía no era el desierto árido y montañoso. Dos semanas después de que empezaron sus sueños, vio el artículo sobre el descubrimiento de la caverna. Kevin comprendió de inmediato la relación. Le contó a su amigo Dale sobre su sensación de haber vivido en México en alguna época pasada. Ahora las piezas del rompecabezas empezaban a embonar.

En el lapso de tres meses, Kevin y Dale habían logrado un presupuesto considerable que les permitiría organizar una brigada bien equipada. Les tomó tres meses encontrar a las personas idóneas.

A principios de 1988, los cinco miembros que integraban el grupo, estaban frente a la entrada de las grutas en el sur de México: Kevin, Dale, Penélope, Chris y Jack. Unos cascos provistos con linternas y mochilas con comida y artículos de primeros auxilios fue lo único que pudieron llevar consigo.

Kevin entró primero. Él sentía que conocía el interior de la caverna. Como era el jefe del grupo, con excepción de Dale, ningún otro miembro del grupo sospechó que tenía otro motivo aparte del interés arqueológico.

Por primera vez en su vida, Kevin supo la verdad. La primera noche, tuvo un sueño en el que vio una tribu pequeña que residía en las grutas. Los animales salvajes, con forma de lobos, hicieron que él y su padre huyeran hasta la entrada de las grutas Luchiaga. Las mujeres y los hombres que estaban cubiertos con pieles abandonaron la caverna cuando empezó un verano muy severo. En un intento desesperado por encontrar alimentos, se fueron a otro lugar, y nunca regresaron a las grutas...

Kevin despertó impresionado y empapado en sudor. Se emocionó cuando entendió que por fin había regresado a la caverna en la que había vivido en una época muy distante. Después de cinco días en las profundidades de la tierra, marcaron otros caminos en la piedra caliza, pero tuvieron mucho cuidado para no dañar el sorprendente paisaje subterráneo.

Kevin McKay todavía pasea por las veredas silenciosas entre las montañas de México. Se quedó en el lugar en donde siente que pertenece.

Ralph Waldo Emerson (1803-1882) fue un filósofo y ensayista americano que estaba de acuerdo con el concepto de la reencarnación:

Uno de los secretos del mundo es que todas las cosas subsisten y no mueren, sino que sólo se alejan un poco de la vista y después regresan de nuevo. (...) Nada está muerto; los hombres fingen estar muertos y toleran sepelios simulados y obituarios luctuosos, y ahí están de pie, mirando por la ventana, sanos y salvos, en algún nuevo disfraz extraño. Jesús no está muerto; está perfectamente vivo; tampoco lo están ni Juan, ni Pablo, ni Mahoma, ni Aristóteles; a veces creemos que los hemos visto a todos, y hasta podríamos decir los nombres con los que ahora se conocen.

R. W. Emerson, *"Nominalist and Realist"*.

La resurrección del rey-dios

A la religión hindú la rigen Ziva, el dios que destruye y resucita, y la resurrección del rey-dios, que juega un papel central en los temas relacionados con la reencarnación. La mitología hindú incluye procesos cósmicos, entre ellos la muerte y la reencarnación de las razas y de las culturas: el mundo fue creado santo y perfecto. Durante el primer periodo, que se conoció como la Edad de Oro, todo transcurría suavemente. De forma gradual, las cosas empezaron a deteriorarse, hasta que, después de cuatro largos periodos, el mundo estaba preparado para una destrucción por medio de los pies bailarines del dios Ziva. Esto no es el fin del mundo; se vuelve a crear con una sonrisa del anciano Ziva.

En años recientes, los científicos y astrónomos apoyan la opinión de que el universo ha sido destruido y regenerado un número infinito de veces. Se asegura que el cosmos se contrae y se expande constantemente en una especie de "latido cardiaco", que explota cada 82 billones de años (82 mil millones de años), y en el proceso destruye y da vida a infinidad de nuevos astros.

El sol, que desaparece y aparece todos los días según las estaciones, representa el carácter cíclico ya establecido de la naturaleza. Jung se refiere a este tema en su libro, *Man and His Simbols*. A la edad de 83 años, Jung concibió este libro y pasó los últimos meses de su vida escribiéndolo.

En su libro, *Ancient Mythologies and Modern Man,* Joseph Anderson escribió: "Leemos la mitología de la antigua Grecia, o las leyendas populares de los indígenas de América, pero no logramos vincularlas con el enfoque que tiene el hombre moderno respecto a los 'héroes' o sucesos dramáticos de la actualidad".

El vínculo existe, aunque algunas veces se puede ocultar. Los símbolos son importantes y significativos para la humanidad. Cualquiera que haya recibido una educación cristiana, con seguridad está familiarizado con varios ejemplos importantes. En Navidad, se celebra el nacimiento del niño Dios, aunque no creamos en la virgen que engendró a un hijo, o no seamos muy piadosos. Sin estar muy consciente de ello, hemos aceptado la influencia de un signo de reencarnación. Éste es un antiguo ciclo de festividades que inspiran esperanza, ya que después del invierno helado que azota al hemisferio norte viene la primavera, y trae renovación sobre sus alas. A pesar de toda la modernización y la sofisticación, nos encantan los símbolos que existen en las festividades a través del año y en todas las culturas.

¿Entendemos lo que estamos haciendo? ¿Vemos el vínculo que existe entre el nacimiento de Jesús, la muerte y la Pascua de resurrección? En general, no pensamos de esa manera, o tendemos a analizar nuestras acciones desde un punto de vista filosófico. La crucifixión de Jesús está puesta en paralelo con los relatos que se describen en la mitología respecto a otras deidades: Osiris, Tamuz, Orfeo, o el relato bíblico de José en Egipto. También a ellos se les consideraba santos cuando nacieron, ya que su nacimiento se dio en circunstancias increíbles. Ellos florecieron, se volvieron guías o líderes, los ejecutaron, y posteriormente, resucitaron. Pertenecen a religiones en las que la muerte y la resurrección del rey-dios constituye una parte inseparable.

El filósofo y matemático alemán, Leibniz (1646-1716), expuso sus puntos de vista sobre la reencarnación en el siguiente pasaje:

Como los animales normalmente no nacen de manera completa en la concepción o en la procreación, del mismo modo tampoco perecen por completo en lo que llamamos muerte; porque es razonable que lo que no empieza de manera natural, tampoco pueda llegar a su fin según el método de la naturaleza. Es así que, al quitarse sus máscaras o sus andrajos, simplemente regresan a un lugar mucho más sutil, en el que, no obstante, pueden ser tan sensibles y tan bien organizados como uno más grande. (...) De esta manera, no sólo las almas sino también los animales, son ingénitos e imperecederos; sólo son perfeccionados, cubiertos, revestidos, desnudados, transformados; las almas nunca abandonan la totalidad de su cuerpo, y no pasan de un cuerpo a otro que sea totalmente nuevo para ellas. Es así que no hay metempsicosis, sino metamorfosis.

Leibniz, *Principles of Nature*.

[illegible] pasado [illegible]

[illegible]

Psique y la mariposa

La diosa Psique, a quien le debemos la raíz de la palabra *psicología,* era uno de los nombres que los griegos daban al alma en la antigüedad. El símbolo de la diosa Psique, al igual que el del alma, era una mariposa. El simbolismo que se le da es evidente y bien conocido.

Todos estamos familiarizados con la maravillosa metamorfosis de una larva en una mariposa, pero sólo unas cuantas personas están conscientes del hecho de que la larva pasa a través de tres o cuatro etapas, y que durante el curso de éstas, muda su piel varias veces, y cambia tanto que es imposible reconocerla. Sólo un biólogo profesional puede identificar al organismo que cambia su apariencia por completo. Después del "sueño de la muerte", surge una hermosa mariposa, y sin la prueba de haberlo presenciado de manera directa, sería imposible creer o aun concebir el hecho de que se desarrolló de la crisálida.

Sin lugar a dudas, la metamorfosis y la resurrección son dos procesos completamente diferentes. El primero consiste en un cambio gradual pero significativo hacia una forma específica, mientras que el segundo implica un desarrollo absolutamente nuevo. A pesar de la diferencia entre ellas, estas dos ideas se han entrelazado. En la opinión de muchas personas, los relatos de la mitología griega y romana también representan estas ideas.

En la psicología moderna, la naturaleza interior eterna de los seres humanos se ignoró durante años. Se suponía que la psique era la "mente" y los procesos mentales sin ninguna relación con el alma.

En la opinión de Erich Fromm, el hecho de que el alma quedó olvidada en alguna parte del proceso del desarrollo de esta ciencia, quería decir que algo le faltaba. Con el tiempo, hubo individuos en esta profesión que ampliaron sus horizontes e introdujeron elementos de la psicología de Oriente y Occidente, y de esta manera reforzaron la creencia en la reencarnación.

Los puntos de vista sobre la reencarnación, del famoso político, científico y filósofo estadunidense, Benjamín Franklin, son evidentes en los siguientes pasajes, el primero es un epitafio que él compuso para sí mismo a la edad de 22 años:

El cuerpo de B. Franklin,
impresor,
como la pasta de un viejo libro,
sus contenidos arrancados
y
despojado de sus letras y de su filo de oro,
yace aquí.
Alimento para los gusanos,
pero la obra no se perderá
porque, como él afirmó,
saldrá una vez más
en una edición nueva y más elegante,
revisada y corregida
por el autor.

Sus puntos de vista tardíos, aparentemente, no fueron alterados:

Cuando veo que nada ha sido destruido y que ni una sola gota de agua se ha desperdiciado, no puedo imaginarme la aniquilación de las almas, ni creer que (Dios) tolerará la consunción diaria de millones de mentes preconcebidas que ahora existen, y que tenga que tomarse la molestia continua de hacer otras nuevas. Así, al descubrir por mí mismo que existo en este mundo, creo que siempre existiré, de una forma u otra; y no pondré objeciones a que se haga una nueva edición de mi ser, mas no obstante espero que las *erratas* de la última se puedan corregir.

Benjamín Franklin, carta a George Whatley, mayo 23, 1785.

De compras en el mercado

Cuando tenía 18 años, Lily Ravid se casó con Yigael. Él se la llevó a casa de sus padres en Jaffa (Israel), en donde vivieron hasta después del nacimiento de sus dos hijos. Durante ese tiempo el padre de Yigael se enfermó. La pequeña casa estaba repleta de equipo médico y de olor a medicamentos. Por primera vez en su vida, Lily decidió ser firme. Después de la comida, lavó los platos, se encaminó hacia la estancia, se sentó frente al televisor, y anunció: "Nos vamos a cambiar de casa". Su esposo y sus suegros se quedaron pasmados.

Lily misma no sabía de dónde había sacado la fuerza para pararse en sus dos pies. Desde el primer día en que conoció a Yigael, sintió una especie de necesidad compulsiva de ceder con él en todo. La situación se empeoró después de que se casaron. Ella se convirtió en la que cocinaba, la que limpiaba la casa y la cuidadora. En su interior aumentaba, cada vez más, un sentimiento de amargura, pero nunca se había atrevido a levantar la voz ni a oponerse a Yigael ni a sus padres, sino hasta esa noche, en que, frente al televisor, por vez primera se atrevió a levantar la cabeza y a expresar sus deseos.

La causa del cambio que se había dado en ella había empezado hacía varios meses. Un jueves, cuando Lily regresaba a casa después de ir de compras al mercado, un pequeño automóvil negro se detuvo cerca de ella. El conductor, un clérigo de barba negra, le ofreció llevarla a casa. Lily, cansada por el peso de los paquetes que llevaba, cedió a la tentación, se subió al carro y se bajó en la esquina de la calle en que vivía. En el transcurso de las siguientes semanas, Lily y Itzik, el clérigo, se vieron dos veces más. La tercera vez que se reunieron, la conversación se volvió más personal.

Itzik, que resultó ser un psicólogo religioso recién recibido, le sugirió a Lily que se sometiera a unas cuantas sesiones de tratamiento. Después de algunas consultas, mientras estaba recargada en el sillón grande y cómodo destinado para los pacientes, Itzik le enseñó a relajarse. Cerró sus ojos y se imaginó que iba por un camino montañoso, libre de toda la tensión que experimentaba todos los días. La voz de Itzik continuó acompañándola en la primera parte del proceso de relajación y después guardó silencio. Lily se percibió, con toda claridad, en una cabaña antigua hecha de madera. "¡Gilda! ¡Gilda!". Escuchó la voz de un hombre que la llamaba, y cuando volteó, vio a un hombre alto y de cabello rubio que la miraba con ira. En ese momento, escuchó que un bebé lloraba muy fuerte. Gilda corrió, tomó al niño en sus brazos hasta que lo tranquilizó. El hombre gritó unas cuantas frases rápidas, levantó una bolsa grande y pesada y salió de la casa. Gilda sabía que iba a traer víveres. También sabía que se quedaría sola durante mucho tiempo con un bebé con hambre y sin alimentos. Se arregló, vistió a su hijito y caminó por una vereda arbolada durante tres horas hasta que llegó al gran mercado. Vendió la bufanda grande y abrigadora que tanto le gustaba y compró un poco de alimento. Esa noche, se fue a acostar temprano. El camino a casa era largo y estaba cansada. Un poco antes de que amaneciera, Gilda despertó con un sentimiento muy fuerte de ansiedad. Escuchó unos ruidos extraños. De debajo del colchón de paja, sacó un cuchillo grande que había escondido ahí hacía mucho tiempo para un caso como éste.

En el momento en que se abrió la puerta, Gilda hundió el cuchillo en el cuerpo del invasor. Se oyó un grito y una figura que gemía se desplomó en el piso. Con toda rapidez, Gilda encendió la lámpara de aceite. En el piso, empapado en su propia sangre, estaba su esposo. Éste pudo lanzarle una mirada inquisitiva y enseguida cerró los ojos para siempre.

Lily abrió los ojos, le tomó unos minutos el poder digerir lo que se había revelado cuando estuvo en otra dimensión. Empezó a temblar y a llorar. De repente, también entendió la magnitud de sus sentimientos de culpa, su necesidad interminable y compulsiva de ceder, y su constante necesidad de agradar a su esposo; pero también entendió que ya había terminado de pagar sus deudas con el hombre que entonces fuera esposo, y ahora...

Jean Paul Richter (1763-1825), el famoso novelista alemán que ejerció una gran influencia en los escritores de su tiempo, así como en el compositor Robert Schumann, escribió acerca de la reencarnación:

La objeción menos válida respecto a la teoría de la circulación del alma es que olvidamos estas peregrinaciones. Hasta en esta vida y sin experimentar "un cambio de vestimenta", los múltiples cambios se esfuman de nuestra memoria. ¿Cómo, entonces, podemos esperar recordar los diferentes cuerpos y lo que es más, los múltiples estados que hemos experimentado en vidas pasadas? ¿Por qué no permitirnos una forma de pensar diferente para disfrutar con toda claridad lo que un Platón, un Pitágoras, y naciones y eras enteras no han menospreciado? (...) Deja que el alma regrese con tanta frecuencia como lo desee. Ciertamente la tierra es lo suficientemente rica para otorgar nuevos dones, nuevos siglos, nuevos países, nuevas mentes, nuevos descubrimientos y esperanzas.

J. P. Richter, *Selina*.

El doble asesinato

El doctor Oland Hensen, de 28 años, había vivido siempre en Dinamarca. Esa tarde, en 1959, llegó a casa antes de lo esperado. Cuando entró en la recámara, encontró a su esposa, Johanna, desnuda en la cama, con un extraño de piel oscura. No tuvo tiempo de pensar. Sacó la pistola que siempre llevaba en el cinturón y disparó... La cama se llenó de sangre, y los cuerpos del hombre y la mujer quedaron sin vida sobre las sábanas blancas. La aventura amorosa salió en la primera plana de los periódicos durante varias semanas. La policía danesa buscó al doctor Hensen durante meses.

Esa misma noche tan funesta, tomó algunas pertenencias personales y salió de Dinamarca en el primer vuelo. El Boeing gigante aterrizó en Río de Janeiro, Brasil. Hensen desapareció entre la multitud, que durante una semana había estado celebrando el carnaval. Juanita Cabalo tenía sólo 19 años cuando conoció al doctor Hensen en esa semana fatídica. Se lo llevó a casa y le ofreció techo y sustento, y después todo el amor del mundo. Dos meses después, con los sonidos de la música brasileña, celebraron su boda con una recepción que se ofreció en casa de los padres de Juanita.

Un año después tuvieron una hija. Juanita quiso que le pusieran el nombre de Jonina. Conforme la niña crecía, se parecía cada vez más a Johanna. Hensen no entendía cómo podía ser posible.

Transcurrieron veinte años. Además de Jonina, la pareja tuvo tres hijas más que se parecían a Juanita, su madre. Había muchos invitados en la fiesta de 20 años de Jonina, así como música, baile y comida. Todos comentaron que era una gran fiesta. Aquella noche, ya tarde, cuando todo se había terminado, Oland Hensen fue a su estudio. Se sentó en silencio y se puso a escuchar música clásica, como era su costumbre. Esto era lo que siempre hacía cuando estaba enfadado y cansado. Jonina era ya toda una mujer. Cada día se parecía más a Johanna y se comportaba como ella. Tenía los mismos ojos azules, el cabello rubio y ondulado y sus mismos movimientos de cabeza tan encantadores, cuando se reía. Esa noche en que se celebraba el cumpleaños de su hija, Oland recordó con toda intensidad el dolor y la furia que había sentido en aquella noche fatídica cuando mató a Johanna y a su amante.

Cruzaron por su mente muchas preguntas que nunca se había hecho antes: ¿quién era el hombre de piel oscura que había encontrado ese día en la cama con su mujer? ¿Era una aventura pasajera o llevaban una relación de largos años? Desde su punto de vista, la traición era imperdonable, pero, ¿tenía que haber terminado en la muerte?

Oland borró de su mente esos pensamientos cuando oyó que alguien tocaba suavemente a su puerta. Era Jonina. Nunca se habían llevado bien, así que se sorprendió cuando entró a su estudio. "Quería agradecerte por la fiesta", le dijo, sonriendo. Oland Hensen se sorprendió. La abrazó y le pidió que tomaran una taza de té juntos. Cuando Hensen se fue a la cocina, Jonina sacó con rapidez una pequeña caja que traía en la bolsa de su bata de seda. Sacó una pastilla de cianuro y la disolvió apresurada en el té de su padre.

Un mes después del funeral, Jonina regresó a Dinamarca.

El filósofo alemán, Friedrich von Schlegel (1772-1829), estudió idiomas orientales y escribió algunas obras filosóficas relacionadas con la reencarnación:

De manera fundamental, la filosofía tiene que rebatir dos errores básicos: en primer lugar, que el alma humana se puede disolver en la nada, y en segundo lugar, que el hombre, sin ningún esfuerzo de su parte, está ya totalmente dotado de inmortalidad. (...) El hombre como es ahora, es demasiado imperfecto, demasiado material, como para exigir ese género de inmortalidad más elevado. Tendrá que introducirse en otras formas y procesos terrenales, mucho más refinados y transfigurados, antes de que pueda participar en la gloria eterna del mundo divino de la luz. (...)

La idea de la metempsicosis, que ha adoptado el misticismo es, por su antigüedad, extraordinaria en sí misma. (...) No permite que el alma llegue a la libertad total, antes de haberse encarnado en muchos cuerpos. Aquí consideramos la metempsicosis en su sentido más amplio, como la continuidad del espíritu, utilizando de manera alternativa formas orgánicas, y no en el sentido de... un castigo exasperante cada vez más acelerado.

F. von Schlegel, *Cologne Lectures* (1804-1806).

El regreso de los dioses, lo que cada uno contribuyó a la reencarnación

Durante años, los arqueólogos han hecho grandes esfuerzos por resolver los grandes misterios del mundo antiguo. ¿Cómo se construyeron las pirámides? ¿De quién recibieron los antiguos sus grandes conocimientos en los campos de la medicina y la astronomía? Se dan muchas preguntas, pero las respuestas están envueltas en la incertidumbre.

La mitología nos relata que los dioses intervinieron en la vida humana en lo que se conoce como la "Edad de Oro". Durante este periodo, las personas aprendían todo lo que los dioses les enseñaban en los ámbitos del arte y la ciencia, y después, los dioses se fueron y prometieron que regresarían cuando fuera necesario. Durante todo este periodo, la humanidad vivió en armonía. Hablaban el mismo idioma y compartían las mismas creencias y la misma verdad universal. Cuando los dioses se fueron, las cosas se empezaron a deteriorar de manera gradual.

Los científicos normalmente tienden a burlarse de relatos mitológicos como éste. Sin embargo, más que nunca, existen científicos que sugieren que la explicación más factible yace en la existencia de seres inteligentes y evolucionados que viven en el universo y que alguna vez tomaron una parte activa en el desarrollo de la vida sobre la Tierra.

El enfoque que apoya la reencarnación percibe en estas criaturas o seres un fenómeno de desarrollo evolutivo a través de muchas encarnaciones de vida y de universos. Hace unas cuantas décadas, fue Eric von Däniken quien divulgó la teoría de que algunos dioses del espacio interplanetario habían bajado o regresado a la tierra como astronautas en naves espaciales. En sus mitos, Hiawatha le prometió a su gente que regresaría, como también lo hizo Viracocha en la cultura inca, Quetzalcóatl en la cultura azteca, y el rey Arturo en Inglaterra.

En el Lejano Oriente, se estudia la teoría avatar. Ésta es la creencia en la encarnación de Dios o de seres encumbrados que están más allá de la reencarnación. Algunos ejemplos de estos seres son Krishna, Buda, Lao-Tse y otros santos que alcanzaron el nivel más elevado. Los hindúes están esperando a Kalki-Otar, los budistas esperan a Buda, los zoroástricos esperan a Susiosh, los musulmanes esperan a Imam, los judíos esperan al Mesías (algunos suponen que fue el primer hombre, y después David), y los cristianos esperan la segunda venida de Jesús.

Muchas personas piensan que cuando se equivoca el gran "orden" por el que las cosas funcionan, los dioses vendrán y establecerán un nuevo orden. Muchos creen que nuestro mundo enfermizo, que está destrozado por las guerras, los problemas sociales, la carestía, así como por otros problemas, siente la necesidad de que los dioses regresen lo más pronto posible. Como dice Krishna: "Desciendo hacia las criaturas cuando veo la degeneración, el deterioro, la injusticia... y es así que me encarno de generación en generación... para cuidar al recto... para destruir el mal, y para levantar al justo..."

Se puede encontrar un concepto semejante en el Nuevo Testamento, cuando Jesús habla de su segunda venida: "Llegará el tiempo en que las naciones luchen unas contra otras. Habrá sequías, hambre y terremotos en muchos lugares. Ésa es la forma en que una nueva generación empieza, es la nueva era". No está hablando del fin del mundo, como muchas personas creen.

El concepto del "regreso de los dioses" también aparece en la teosofía moderna, y se vincula a lo que se conoce como "los señores o dueños de la sabiduría", aquellos que prefieren regresar a la tierra después de su muerte para ayudar a que la raza humana progrese hasta el grado en que su karma le permita. La versión aceptada es que los dioses realmente nunca se fueron. Están en nuestro mundo, y continúan colaborando con la humanidad.

En su libro, *The Ocean of Theosophy*, William Q. Dedadge describe a la humanidad como alguien a quien acompañan amigos —hermanos mayores— que la ayudan a evolucionar. Ellos salvaguardan el conocimiento que se ha acumulado a través de los años y esperan la oportunidad adecuada para contribuir al desarrollo del conocimiento sobre la Tierra, así como en otros lugares del universo.

"Los hermanos mayores" son almas que se han perfeccionado durante sus periodos de evolución. En ciertas épocas, vivieron entre gente sencilla, en lugares en los que les permitieron vivir. Si se hubieran manifestado en toda su grandeza, se habrían convertido de inmediato en objetos de adoración como los dioses. En ciertos casos, algunos de ellos realmente se manifestaron como maestros, consejeros o filósofos, mientras que otros permanecieron anónimos.

Hay relatos antiguos acerca de estas personas. Dichas narraciones existían en las cortes reales del antiguo Egipto; se mencionan en el relato de Apolonio. Abraham y Moisés, y algunos miembros de la religión judía, también pertenecen a ese grupo. Otros héroes de este tipo son, por supuesto, Buda, Confucio y Jesús.

En el idioma sánscrito existe una palabra que se refiere a estas figuras: *matma.* Si se traduce libremente, *mat* significa grandeza y *atma*, significa alma. La grandeza de estos individuos tiene su origen en el "tamaño" de su alma. Es posible que el concepto *matma* parezca artificial desde el punto de vista de muchos individuos, pero se refuerza si la reencarnación realmente se reconoce como una de las leyes de la naturaleza.

Durante el transcurso de una etapa de vida, la aspiración hacia la perfección es prácticamente una misión imposible. La experiencia que se acumuló durante periodos completos de vida puede volver a cada persona en la forma de un "dios". Se dice de Buda: "Ésta es la floración del árbol humano, que se abre después de muchos años, y cuando sucede, el mundo se llena de la fragancia de su sabiduría".

Según la religión hindú, la vida humana es una jornada larga que continúa no sólo de la cuna a la tumba, sino que se extiende por millones de años. El ser espiritual continúa existiendo durante el tiempo cuando las naciones surgen y caen, y el entorno cambia. La existencia empieza desde un punto rutilante que se desprende del fuego central y cobra impulso y experiencia en el transcurso de vidas diversas. La persona ejerce diferentes funciones: una vez es rey, otra es esclavo. Sube y baja los peldaños de una escalera, y cada vez cambia su identidad y su imagen.

Como se mencionó con anterioridad, el concepto de reencarnación está muy difundido en el Oriente. Los filósofos y los maestros de religión nunca han sentido la necesidad de justificar este enfoque, puesto que siempre ha sido una parte inseparable de la cultura local. Lo que le interesa a la gente del Oriente es la búsqueda de una forma de liberarse del sufrimiento inevitable que implica el proceso de la reencarnación, y que en última instancia conduce al esclarecimiento espiritual, a la libertad y finalmente al nirvana (desaparición del dolor unida al samsara, transmigración de los seres o metempsicosis).

Para el Occidente fue difícil aceptar este enfoque. Los textos originales de las religiones hindúes o budistas subrayaron la necesidad de distinguir entre lo que enseñaron los grandes eruditos del Oriente y las últimas tendencias respecto al logro del nirvana como el objetivo supremo de las aspiraciones del hombre. Existe una cierta contradicción entre la filosofía de la reencarnación y el vivir en ese lugar maravilloso —el nirvana— como el objetivo fundamental y final de sus múltiples encarnaciones sobre la Tierra.

En el universo infinito, deben existir posibilidades ilimitadas para el crecimiento y la sabiduría, para la realización personal y la expansión del estado consciente, así como para el desarrollo de las cualidades de compasión y capacidad de sacrificio. Para este fin, el hombre debe existir como persona.

Los Vedas son los escritos más antiguos que se hayan descubierto en la India. Todas las tradiciones están de acuerdo en que estos escritos vinieron de la región alrededor del lago Manasobra en el Tíbet. Esos escritos son sumamente antiguos, pertenecen a épocas anteriores a las de las culturas de Egipto, Israel, Grecia, la inca y la maya, y dan testimonio de una cultura desarrollada en extremo. Es muy importante estudiar la naturaleza de la reencarnación como aparece en esta fuente.

El filósofo y hombre de letras, Radahkrishnan, que alguna vez fue presidente de la India, escribió que el concepto de la reencarnación aparece en escritos todavía más antiguos: "La jornada del alma, fuera del cuerpo se encuentra en otras formas de existencia. El alma regresa al cuerpo humano según los principios del karma".

David Lloyd George (1863-1945), quien fungió como primer ministro en Gran Bretaña de 1916-1922, describe, de la siguiente manera, sus sentimientos en relación con la reencarnación:

Cuando era niño, el pensamiento del cielo solía asustarme más que el del infierno. Me imaginaba el cielo como un lugar en el que eternamente sería domingo y siempre habría servicios religiosos, de los que no habría escapatoria, porque el Todopoderoso, ayudado por grupos de ángeles, siempre andaría buscando a los que no habían asistido. Era una pesadilla horrible.

El cielo convencional con sus ángeles cantando de manera continua, etc., casi me enloqueció cuando joven, e hizo que fuera ateo durante diez años. Mi opinión es que reencarnaremos... y de ahí en adelante sufriremos o disfrutaremos según lo que hayamos hecho en este mundo. Por ejemplo, el patrón que explota a sus trabajadores será condenado a que también abusen de él.

Según se citó en *Lord Riddell's Intimate Diary of the Peace Conference and After* (1933).

Una monja en el sótano

Malcolm Price y su esposa Marian tenían un poco más de 20 años cuando llegaron a las islas de Sicilia. Compraron, a bajo precio, un terreno grande y construyeron su casa en una colina cerca de la ribera de un río, sobre las ruinas de un edificio muy antiguo.

Vivieron muy felices en ese lugar durante siete años. Tuvieron cinco hijos. Sembraban verduras y criaban animales domésticos. Las gallinas y las vacas les proporcionaban leche y huevos frescos todos los días. Sucedió que un día, sin previo aviso, empezó la pesadilla. Ese día, toda la familia se había retirado a sus habitaciones más temprano de lo acostumbrado, y cuando todos estaban profundamente dormidos, a eso de la a medianoche, a Malcolm y a Marian los despertó un ruido como de llanto. Una y otra vez, revisaron los cuartos de los niños, pero ellos estaban durmiendo muy tranquilos.

Cuando volvió a ocurrir el fenómeno, la pareja acudió al sacerdote del lugar, Joseph Stuart. Él sugirió que revisaran los registros de la iglesia. Cuando bajaron al sótano para revisar los libros, salieron a la luz los siguientes hechos: en 1800, una monja joven, llamada Virginia Hest, vivía en el convento. Se involucró en un amorío prohibido con uno de los lugareños, Lawrence Campbell. El hombre vivía en la casa que estaba exactamente en el mismo lugar en donde se encontraba ahora la casa de Marian Price.

Lawrence y Virginia se enamoraron. Ella decidió dejar el convento e irse con él, pero pronto descubrió que estaba embarazada. Los padres de Lawrence eran muy conservadores y no estuvieron de acuerdo en recibirla en la familia. Una noche de invierno, estuvo horas tocando en la reja de la enorme propiedad de su amante. A él lo habían encerrado en su habitación y no pudo ayudarla. Sus despiadados padres la ignoraron.

Lawrence, con el corazón destrozado, se salió de su casa con la intención de no regresar. Sin embargo, volvió muchos años después, cuando sus padres ya habían muerto. Cinco años después, murió a causa de una enfermedad y lo enterraron en el cementerio de la familia.

Malcolm y Marian regresaron a casa estupefactos. Ahora entendían lo que el llanto significaba. Por consejo del sacerdote, fueron al terreno que quedaba enseguida del lugar en donde había estado el convento, detrás de una cerca con espinas, estaba el cementerio. En una de las antiguas lápidas estaba grabado el nombre de Virginia Hest.

Una semana después llegaron al cementerio, en un camión pequeño, unas personas vestidas de negro. Con equipo especial exhumaron los restos de Virginia y los enterraron junto a los de su amado Lawrence, en el cementerio familiar.

Desde entonces, cesó el llanto que se escuchaba por las noches en la casa de Malcolm y Marian.

En un momento dado, León Tolstoi (1828-1910), el novelista, filósofo social y religioso ruso, luchó con lo que él percibía como la fu-tilidad de la vida y el problema de cometer suicidio. Este último tema lo argumentó en el siguiente pasaje:

Qué interesante sería escribir la historia de las experiencias de vida de un hombre que se hubiera suicidado en su vida anterior; ver cómo en la actual se tropieza con las mismas exigencias que se le habían presentado antes, hasta que llega a tomar conciencia de que debe llevar a cabo esos requerimientos. Al recordar la lección, ese hombre sería más sabio que los demás.

L. Tolstoi, *My Confession.*

El guardabosques

En Tampere, Finlandia, el invierno de 1795 fue uno de los más severos que habían tenido en la región, por lo menos eso era lo que los ancianos del pueblo aseguraban.

Toda la región estaba cubierta de mucha nieve. Los que no habían almacenado una cantidad suficiente de víveres pasaron hambre. La nieve se apiló en enormes montones afuera de las puertas de las pequeñas viviendas, por lo que los que residían ahí quedaron retenidos en su interior.

La tormenta atrapó, dentro de su cabaña en el bosque, a Viulo Gohan, el guardabosques del lugar que ya era anciano. Dos semanas después, cuando empezó a mejorar el tiempo, los habitantes de la aldea llegaron a rescatarlo. Su condición física era seria. Después de luchar durante 30 días por mantenerse con vida, murió, y lo enterraron en el cementerio de la localidad.

En 1959, Grisha Valodiev llegó con sus padres a Israel. Nació en Ucrania, era hijo de madre rusa, pero gracias a la doble ciudadanía de su padre, la familia pudo inmigrar a Israel. Se les dio un pequeño departamento de dos recámaras en un suburbio de Haifa. Aunque Grisha era demasiado joven, pues sólo tenía 10 años, nunca se sintió en casa ni se acostumbró a vivir en Israel. Era un niño moreno oscuro de pelo rizado que nunca encajó con los niños inmigrantes rusos de pelo rubio y ojos azules. Por otra parte, su acento fuerte también hacía que no se adaptara bien entre los israelíes. Grisha utilizaba la crueldad para lograr obtener un lugar en la escala social. La violencia y los golpes eran acontecimientos de rutina. Cuando tenía 14 años, lo expulsaron por última vez de la escuela. Sus padres desesperados, no sabían qué hacer con él. Grisha encontró en qué entretenerse: se pasaba los días y las noches en el muelle, inhalando los olores del océano, observando los enormes barcos, y soñando en las tierras distantes a donde estos navegaban.

No recordaba el momento en que se le metió la idea en su cabeza. Simplemente tomó la decisión y la llevó a cabo. Fue a casa, echó unas cuantas prendas de vestir, algunos objetos personales y algo de comida en una maleta pequeña y dejó una carta de despedida a sus padres. Una mañana lluviosa del invierno de 1964, se escabulló y se escondió en la gran bodega del barco carguero Kionoya. La comida que había empacado le duró una semana. Sólo entonces, cuando creyó que el barco ya se había adentrado lo suficiente en el mar, subió a cubierta. Durante una hora, el capitán Afesko escuchó el relato del muchacho. Fumó con fuerza su pipa y le dijo: "Si quieres, puedes quedarte".

Grisha trabajó en el barco carguero durante siete años, al lado del capitán Afesko. Cuando se acercaba alguna festividad importante, les escribía a sus padres para decirles que se encontraba bien. Se acostumbraron a recibir una carta, cada año, con estampillas de colores variados provenientes de un país diferente. Para ellos, lo importante era que Grisha estaba bien y feliz.

Cuando al capitán Afesko se jubiló, le sugirió a Grisha que se fuera con él. Grisha aceptó la oferta con mucho agrado. Con los años, Afesko se había convertido en su padre y guía espiritual, y Grisha lo quería mucho. En un día frío y nevado de invierno, llegaron a Tampere, en Finlandia. La familia de Afesko recibió a Grisha con entusiasmo. Alto, moreno y guapo, sin mencionar que hablaba con fluidez el finlandés, en unos cuantos días se convirtió en la atracción de todo el pueblo. No tardó mucho en surgir un amorío entre Grisha y Johanna, la hija de Afesko que tenía 17 años. Un día, cuando buscaban un lugar en dónde pudieran estar solos, se adentraron en el bosque. Grisha sostenía la mano de Johanna con mucha fuerza. De pronto todo su cuerpo empezó a temblar y se puso muy pálido. La condujo entre los árboles hasta que llegaron a la cabaña en la que Viulo Gohan había muerto hacía 200 años.

Mientras subían la escalera que estaba arriba del árbol, el corazón de Grisha empezó a latir con mucha fuerza. A pesar de que los estragos causados por el tiempo eran evidentes, la cabaña de madera todavía estaba en su lugar. Nadie había regresado al lugar desde que sacaron el cuerpo congelado del guardabosques.

Durante años, Grisha trató de explicar lo que sucedió en la cabaña el día que la encontraron. De manera deliberada se encaminó hacia la pared de madera que quedaba del lado sur, como si supiera desde antes lo que tenía que hacer. Contó ocho vigas desde esa esquina y jaló, con toda su fuerza, ese madero. Detrás de la viga suelta, entre telarañas, había un anillo grueso de oro que tenía grabadas dos letras: G. V. Éste era el anillo que los pobres parientes del guardabosques habían buscado por generaciones y no lo habían encontrado.

¿Cómo pudo saber Grisha Valodiev en dónde estaba el anillo? Sólo puede haber una explicación.

El escritor inglés, autor de obras satíricas, Samuel Butler (1835-1902), quien no necesariamente aceptaba el punto de vista del karma, y sin embargo estaba de acuerdo con el concepto de la reencarnación, opinaba:

> Comúnmente sabemos que vamos a morir, aunque no sabes que vamos a nacer. Pero, ¿estamos seguros de que es así? Es posible que hayamos tenido presentimientos muy lóbregos sobre el tema y después habernos olvidado por completo de ellos. (...)
>
> Yo opino que, en un estado futuro, ni a los buenos se les recompensa ni a los malos se les castiga, sino que todos tenemos que empezar de nuevo, sin tener en cuenta lo que se haya hecho y que además se debe probar suerte una vez más y continuar haciéndolo una y otra vez *ad infinitum*. Así que algunas de nuestras vidas serán afortunadas y otras desafortunadas, y todo se reducirá a una vida eterna en la que cambiaremos tanto que no recordaremos nuestros antecedentes previos, no más de lo que recordamos haber sido embriones, ni podremos barruntar nuestro futuro, en el que tendremos altibajos *ad infinitum* —lo que efectuará de inmediato, un acto de transformación, tan pronto como las circunstancias se vuelvan insoportables.

S. Butler, *The Note-Books of Samuel Butler.*

Una explicación de los espíritus vivos y muertos

Swami Bakta Vishta

Todo principio del pensamiento, desde el espíritu del individuo hasta el espíritu de los tiempos, tiene un inicio, un periodo de tiempo durante el cual se procesa, un periodo de tiempo durante el que llega a su punto culminante, como a una especie de terminación. La ley universal del efecto cíclico controla sus acciones entre el principio y el final. La duración de los ciclos depende de la consolidación de los pensamientos que crean y nutren al espíritu. Cuando se presenta el último ciclo, el espíritu cesa de existir.

El espíritu de la persona que está viva —el espíritu físico, el espíritu de la voluntad y el espíritu del pensamiento— puede constar de varias etapas y características. El espíritu físico es la forma semifísica astral, que vincula las células y la materia física conocido como el cuerpo físico, en su lugar apropiado. El espíritu de la voluntad es una forma que emerge en ciertas condiciones por medio de una parte específica de la voluntad cósmica, que recibe el carácter de la persona y lo adapta como corresponde. El espíritu del pensamiento de una persona que está viva es el que se crea en el mundo mental por medio de una acción continua de su estado consciente en una sola dirección.

Espíritus físicos de las personas muertas

Existen tres tipos de espíritus de las personas muertas: el espíritu físico, el espíritu de la voluntad y el espíritu del pensamiento, y existen tres combinaciones de los tres. El espíritu físico, el espíritu de la voluntad y el espíritu del pensamiento son partes de las personas que están vivas y que se separan de ellas con la muerte del espíritu físico. Los tres espíritus prosiguen hacia sus mundos, en donde se quedan por algún tiempo.

Posteriormente, se dividen, se dispersan, se desvanecen y entran en formas animales, pero con el tiempo, se vuelven a reunir y se vuelven a utilizar para formar las personalidades de otras personas en las que el alma se encarnará cuando regrese a la Tierra.

El espíritu físico es el fundamento en el cual el cuerpo astral, o la forma astral, se ancla. El cuerpo astral se convierte en un espíritu físico después de la muerte.

Mientras se encuentra todavía en el cuerpo físico, o cuando lo está abandonando, la forma o el espíritu físico se asemeja al humo o al gas del ácido carbónico. Es de color grisáceo, rojizo, amarilloso, azulado o plateado. El cuerpo físico es pesado, pero tiene una densidad baja, mientras que el espíritu físico es ligero, pero es mucho más denso que el cuerpo físico. Pesa entre 30 y 120 gramos.

El proceso de la muerte empieza cuando los vínculos del espíritu físico, es decir, los centros orgánicos y nerviosos del cuerpo físico, se liberan de las células. El proceso comienza en los pies y continúa hacia arriba. En el momento en que el espíritu abandona una parte específica del cuerpo, esa parte se torna fría y pierde la sensibilidad. El cuerpo astral se enrosca y sube en espiral como el humo, hasta que llega al corazón, en donde se reduce a una masa esférica. El corazón se contrae, la garganta la engulle y la masa esférica asciende y sale a través de la boca. Por lo general, es la forma en que morimos: ésa es la apertura normal de salida del cuerpo. Sin embargo, existen otras aperturas de salida.

Es posible que la muerte no se presente, aunque el cuerpo astral esté fuera del cuerpo. La masa esférica bien puede permanecer algún tiempo sobre el cuerpo físico, y también es probable que de inmediato asuma una forma física. Todavía puede quedar vinculada con el cuerpo físico por medio del hilo magnético de la vida. La muerte no se presenta sino hasta que este hilo magnético se corta.

El hilo magnético de la vida está formado por cuatro filamentos que están enrollados en tres fundas. El profeta lo vislumbra como un hilo plateado o un hilo delgado que une el cuerpo físico y la forma que está sobre él. Mientras no se corte el hilo, es posible revivir el cuerpo. En el momento en que el hilo se corta, ocurre la muerte, y ni la forma astral ni el espíritu físico pueden revivir al cuerpo físico.

El espíritu del pensamiento y el espíritu de la voluntad se pueden separar del cuerpo físico sólo a la hora de la muerte, y entre sí, inmediatamente después de que se haya presentado la muerte. También pueden permanecer con el espíritu físico durante un cierto tiempo. De manera alternativa, el espíritu de la voluntad puede permanecer con el espíritu físico, y el espíritu del pensamiento puede separarse de ambos. Lo que sucede se determina por y depende de la forma en que la persona pensó y actuó durante la vida de su cuerpo físico. Después de la muerte, nada puede hacerse para dirigir eso.

El estado del espíritu físico después de la muerte, en especial el estado del espíritu de la voluntad y del espíritu del pensamiento, se determina por la diligencia u ociosidad del estado consciente y de la voluntad, por la puesta en práctica del conocimiento que la persona tuvo a su disposición o su negligencia para implementarlo, y por las motivaciones que afectaron los pensamientos y las acciones de la persona durante su vida física.

Es fácil diferenciar entre el espíritu físico de un muerto y el espíritu de una persona viva. El espíritu físico de una persona difunta no tiene vida, y vaga sin ningún propósito o meta en especial. Cuando el cuerpo físico se desintegra, el espíritu físico pierde su forma consolidada. Cuando la forma física se empieza a desintegrar, el espíritu físico se aferra a ella o se mueve a su alrededor como una sustancia fosforescente que se asemeja a un tronco desmoronadizo en la oscuridad, y el espíritu físico desaparece junto con el cuerpo de la misma forma en que la sustancia fosforescente desaparece cuando el tronco se vuelve polvo.

La ley de la naturaleza controla la apariencia de los espíritus físicos, como lo hace con todo lo demás. Para cada elemento físico vivo, existe una forma corporal, en su interior y a su alrededor. El cuerpo físico se compone de materia de la luna, sobre la que la persona promedio sabe muy poco. De hecho, la naturaleza de la materia física y la lunar son muy semejantes.

La diferencia que existe entre ellas yace en el hecho de que las partículas de materia lunar son más sutiles y están más cerca unas de otras que las de la materia física, así como en el hecho de que la materia lunar y la física sirven como polos magnéticos opuestos entre sí.

La luna es un imán, y la Tierra es otro magneto. En ciertas épocas, la fuerza de gravedad de la Tierra es mayor que la de la luna, y en otras, la fuerza de gravedad de la luna es mayor que la de la Tierra. Estas épocas son fijas y regulares, y estas atracciones magnéticas, que se presentan de manera alterna, ocasionan los ciclos interminables de la luna y de la materia física, así como el fenómeno que se conoce como la vida y la muerte. Lo que cambia en la periodicidad lunar y en la de la materia física son las unidades de vida que provienen del sol. Para poder recibir las unidades de vida del sol que se transforman en una estructura física por medio de la materia lunar, se debe crear un cuerpo físico.

Después de la muerte, la materia lunar regresa al sol las unidades de vida.

A todo ser viviente le afecta la fuerza de gravedad magnética de la luna y de la Tierra. La Tierra atrae al cuerpo físico, y la luna atrae la forma que está en el interior del cucrpo físico.

Cuando la fuerza de gravedad de la Tierra es más fuerte que la de la luna, el espíritu físico es atraído por el cuerpo físico que se encuentra debajo de la tierra o en la tumba, y sólo en raras ocasiones es posible verlo valiéndose sólo de la vista física. Cuando la fuerza de gravedad de la luna es más fuerte que la de la Tierra, el espíritu físico abandona al cuerpo físico. Por lo general, las pulsaciones o los movimientos ondulantes del espíritu físico emanan de la acción magnética de la Tierra y de la luna. Debido a esta acción magnética, por lo general, el espíritu puede verse un poco abajo, y con frecuencia arriba, del cuerpo físico.

Cuando un espíritu se mueve, no camina como si estuviera en terreno sólido. La fuerza de gravedad de la luna es más fuerte cuando está en la cima de su brillantez. Ése es el momento en el que es más alta la probabilidad de que se aparezcan los espíritus físicos. Sin embargo, en una noche de luna resplandeciente, es casi cierto que no lo verán los ojos que no están entrenados, ya que su color es muy semejante al de la luz de la luna. Es muy fácil discernirlos en la sombra de un árbol, o en una habitación.

> El dramaturgo, novelista y crítico irlandés, George Bernard Shaw, en el epílogo de su obra teatral, *Saint Joan*, hace que la protagonista emita un grito atormentado en contra de la reencarnación:
>
> Juana: Y ahora decidme: ¿Resucitaré de entre los muertos y regresaré entre ustedes como una mujer viva? (...) ¡Qué! ¿Debo quemarme otra vez? ¿Es acaso que ninguno de vosotros está preparado para recibirme? (...) Oh, Dios, eso enloquece a este hermoso suelo, ¿cuándo estará listo para recibir a vuestros santos? ¿Cuánto tiempo, oh, Señor, cuánto tiempo?
>
> J. B. Shaw, *Saint Joan.*

El compositor alemán, Gustav Mahler, era un firme creyente de la reencarnación. Así se lo manifestó a su amigo y biógrafo, Richard Specht:

"Todos regresamos; esta certeza es lo que da significado a la vida y no hace la menor diferencia si en una encarnación posterior recordamos, o no, la vida anterior. Lo que cuenta no es el individuo y su consuelo, sino la gran aspiración hacia lo perfecto y lo puro que prosigue en cada reencarnación".

Como se citó en Richard Specht, *Gustav Mahler* (1913).

La última batalla

El 7 de marzo de 1998, a Uri Gannot le obsequiaron un boleto para Estados Unidos. Cumplía 25 años, y sus padres decidieron regalarle a su hijo mayor, un viaje estimulante al extranjero. En ese viaje, por primera vez, empezó a padecer ataques agudos de ansiedad. Un día, mientras manejaba por Massachussets, se quedó atrapado en uno de esos embotellamientos, que eran normales a cierta hora de la tarde. Hacía calor y el ambiente estaba húmedo, y aunque el Buick de lujo estaba equipado con un excelente aire acondicionado, Uri empezó a sudar. El corazón le latía con fuerza y se sintió mareado. Se orilló en la carretera, se bajó del automóvil y como siempre traía una botella de agua en la cajuela, la vació sobre su cabeza. Fue hasta entonces, mientras el agua fría le escurría por la espalda y el tórax, y se empapaba su costosa camisa de seda, que logró sentirse mejor. Uri abrevió su viaje y regresó a Italia.

Los trastornos se presentaron varias veces. Cuando se dirigía a un partido de tenis, cuando iba de camino a Roma, cuando iba al cine con unos amigos, y dos veces más cuando regresaba a casa después del trabajo. Uri era socio de una compañía de computación muy exitosa. Podía darse buena vida.

El consultorio del doctor Benny Gross estaba en el décimo piso de un complejo de oficinas. Uri llegó a su primera cita molesto y preocupado. Después de un examen cuidadoso y completo, el doctor Gross le aseguró que no tenía ningún problema físico. El problema era psicológico. El doctor Gross canalizó a Uri a un buen amigo suyo, el psiquiatra Shmuel Baram.

A escasas ocho sesiones, Uri, hijo de iraquíes que emigraron a Italia, empezó a hablar alemán con fluidez, el alemán que se hablaba durante la Segunda Guerra Mundial. Un día cuando entró en trance en una sesión de hipnosis, Uri narró una batalla sangrienta que tuvo lugar en la ciudad de Arfel, en Alemania, en 1945, batalla en la que lo mataron. Uri aseguró que, en aquel tiempo, se llamaba Philip Holmes.

Él (Philip Holmes), era un joven de 19 años, hijo de inmigrantes alemanes, que vivía en Massachussets. A él le gustaba pasársela bien y divertirse. Durante su primera comisión, iba corriendo por las calles de una ciudad extraña que se encontraba en la cima de un despeñadero escarpado. De repente empezó un tiroteo que los atacaba por todos lados.

El 7 de marzo, dijo Holmes, exactamente a las 11:30, empezó el ataque. Los soldados estadunidenses avanzaban, en medio de un bombardeo fuerte, hacia un puente muy grande. De repente, proveniente de una radio, se escuchó la orden de no volar el puente. Se enviaron soldados americanos a limpiar la ciudad. Para todos era evidente que la pérdida de vidas sería muy grande, pero durante una guerra, no hay tiempo para detenerse a pensar. Holmes fue uno de los primeros que corrió y cruzó el puente. Se dio una descarga cerrada de tiros de emboscada, y diez soldados jóvenes se desplomaron en un charco de sangre. Se les sustituyó por otra docena de soldados, quienes en ese día, tomaron la ciudad y lograron una de las victorias más impresionantes de la historia. El cuerpo de Philip se entregó a sus padres. En el cementerio militar, un ataúd envuelto en la bandera nacional, descendió a la tierra, y la placa de mármol tenía grabadas las palabras: *Philip Holmes 7.3.45.*

El autor estadunidense de origen libanés, Kahlil Gibran (1883-1931), habló de la reencarnación en su obra, *The Prophet*:

Mis días entre ustedes fueron breves, y más breves aún las palabras que he pronunciado. Pero si mi voz llegara a desvanecerse en sus oídos, y mi amor se esfumara en su memoria, entonces regresaré otra vez, y hablaré con un corazón más magnánimo y mis labios serán más complacientes para el espíritu al que hablaré. Sí, regresaré con la marea, y aunque la muerte me oculte y el más grande silencio me envuelva, aún así buscaré su comprensión. (...) No me olviden que regresaré a ustedes. (...) Un breve instante, un momento de descanso sobre el viento, y otra mujer me llevará en su vientre.

Kahlil Gibran, *The Prophet.*

El universo infinito del más allá

Swami Bakta Vishta

Todos desean saber la razón por la que el hombre fue creado.

Todos desean saber lo que les espera después de la muerte.

Nuestro Creador diseñó una trayectoria con un objetivo claro y definido, y nunca se ha dado una desviación de ese plan desde la creación del mundo. El objetivo y la finalidad se nos manifiestan en los pasos que ya se han tomado. Nos enteramos de que nos estamos acercando al Creador por el hecho de que el hombre siempre se desplaza en una ruta que lo llevará a Él. Se nos dice que la vida es sólo un sueño, pero esto no significa que esto sea una realidad. El sueño no puede existir sin la persona que lo sueñe. La persona se acuesta para dormir y sueña, despierta y se va a trabajar, y procesa este sueño en sus creaciones e inventos, los cuales hacen que la civilización avance un paso más hacia el objetivo final. También es cierto que por medio de sueños grandes e importantes de existencia terrenal, es posible solucionar el futuro y el destino del mundo, y determinar el lugar del hombre en el universo.

El hombre está hecho de una sustancia que está diseminada de manera desordena sobre la Tierra, y entra al vientre de una mujer para poder nacer. Ése es el proceso de la vida. Si el Creador así lo hubiera deseado, hubiera podido formar al hombre del alma, y dejarlo solo. Si el único objetivo de la creación fue que nosotros viviéramos y muriéramos aquí, no habría habido necesidad del derroche y el dolor que involucra nuestro ir y venir. Hubiera sido mejor crear al hombre como es en su madurez. Así como una persona fabrica un automóvil y lo llena de gasolina antes de echar a andar el motor, de la misma manera, sólo hubiera sido necesario respirar el aliento de vida en él y ponerlo en camino.

La vida sería un desperdicio si no tuviera una continuidad. Éste es un hecho que afecta la prolongación de la creencia del hombre en la religión, más que en ningún otro aspecto. Con el desarrollo mental de la persona, el estado consciente demuestra su criterio para entender todas las cosas y para calibrarlas desde el punto de vista de su existencia, y es así que nuestra creencia en el mundo venidero se hace añicos o se refuerza. Nada parece ser real o satisfactorio al lapso de la vida humana. Cuando reconocemos el hecho de que estamos en un estado de somnolencia, nuestra percepción se profundiza y vemos las cosas como son.

Discernimos la armonía que existe entre nuestra experiencia sobre la Tierra y la razón de la creación.

La vida es una reencarnación progresiva y continua.

Pearl S. Buck (1892-1973), autora estadunidense, quien escribió acerca del Lejano Oriente, describe su punto de vista sobre la reencarnación en su novela *The Living Reed*:

Al principio Yul-han consideraba al niño sólo como su hijo, una parte de él mismo, el tercero que tenía con Induk. Sin embargo, conforme transcurrió el tiempo, un extraño presagio se apoderó de la mente y el espíritu de Yul-han. (...) Percibió que el niño poseía un alma antigua. Este concepto de un alma anterior no podía expresarse en palabras. Yul-han, al observar al niño, captó en su comportamiento una sensatez, una paciencia y un razonamiento que no eran en absoluto propios de un niño. No protestaba cuando se tardaban en darle su alimento, como lo hacen otros bebés. En lugar de eso, con mirada sosegada y reflexiva, parecía comprender y sabía esperar. Con una viveza reposada, seguía con la mirada a Yul-han y a Induk cuando ellos conversaban, como si supiera lo que sus padres estaban diciendo. (...) Los miraba fijamente con una inteligencia y conciencia tal, que parecía que les hablaba por su nombre, no como a sus padres, sino como a personas a quienes reconocía. (...) Yul-han, al observarlo, sentía cierto asombro, titubeaba al llamarlo "hijo", como si la afirmación fuera un atrevimiento. Un día le dijo a Induk, "si yo fuera budista, diría que este niño es una encarnación de alguna antigua alma noble".

Pearl S. Buck, *The Living Reed* (1963).

Avanzamos de un nacimiento a otro, de un sueño a otro sueño. Con el tiempo, alcanzaremos un estado insomne: entonces empezará la realización verdadera de nuestro llamado. Siempre ha existido un vínculo que conecta el presente con el pasado, y siempre ha habido un filamento de vida que nos vincula con el pasado.

Reencarnación

El hombre civilizado fue el primer ser que hizo el Creador que fuera susceptible de volver a nacer. Las formas que le precedieron fueron sólo piedras milenarias, o puntos importantes en el desarrollo.

¿Existe alguna prueba de que el hombre es el ser adecuado para volver a nacer en la actualidad? Sí, por lo siguiente: El objetivo de la creación es producir formas de la materia. Cuando no había vida sobre la Tierra, todo, en todas partes, estaba en un estado de caos. No había vida. Ciertas leyes controlaban a la materia como preparación para la vida vegetal que aparecería más tarde. Por último, se crearon formas más desarrolladas, y con el tiempo, miles de nuevas especies y animales. Finalmente, apareció el hombre, la forma más elevada en el reino animal, seguido del hombre civilizado. Sólo después de la aparición de este último, se hizo un esfuerzo por crear formas inanimadas.

Actualmente, dos procesos vivientes y creativos están en juego. Cada uno tiene una misión específica, el primero es la de la creación de la vida, y el segundo es la de la creación de formas físicas. Ambos están hechos de la misma sustancia de la que está hecha la Tierra.

El Creador es el origen de todo. La vida y las formas físicas fueron creadas según su designio. El hombre entra en sociedad con su Creador. Las formas físicas se crean por la fuerza que está en juego a través de él. Eso demuestra que el hombre es la forma más elevada de vida en este universo.

El hombre no es perfecto, ya que todavía no alcanza la plenitud absoluta. Actualmente avanza lentamente. Está en un estado de somnolencia; y de la misma manera que en sus sueños, todo parece estar en confusión. Con su estado consciente normal y su cuerpo físico, de manera lenta puede ver y sentir las experiencias reales que a él le parecen irreales, mientras que las que no son verdaderas a él le parecen reales. Eso se debe a que su cerebro físico todavía no es capaz de absorber lo que realmente es verídico. Sin embargo, estamos llegando con rapidez a la etapa en la que habremos adquirido la habilidad para comprender lo que es concreto. Finalmente, todos nacerán con esos poderes, y entonces será posible alcanzar una armonía directa con el Creador. La mampara que nos separa de él se desgastará y se volverá muy delgada. En la actualidad, muchas personas han logrado penetrarla, lo que quiere decir que no es elusiva. Cuando se llega a esta etapa, empieza la verdadera vida.

Recuerda: Tu mente tendrá conocimiento de todo. Todos los hechos que se vinculan a los instintos provienen de los pensamientos universales.

Todas las experiencias y actividades humanas de la vida sobre la Tierra están vinculadas con nuestra vida de los sueños, pero éstos no nos proporcionan hechos que estén supeditados a nuestros instintos, y por esa razón, no forman parte del pensamiento universal.

Cuando alcancemos el mundo verdadero, no habrá más acontecimientos que aquellos del pensamiento universal. Cuando nuestro estado consciente se haya desarrollado tanto que podamos recibir y absorber conocimiento de la conciencia universal, cambiaremos de manera sorprendente. Entonces tendremos la clave de todo el otro conocimiento, y finalmente se desarrollará el más sublime de nuestros instintos:

Existe vida después de la muerte.

La vida sobre la Tierra es un sueño.

El objetivo de la existencia es la creación de la forma.

El hombre fue creado para poder crear formas físicas.

Aunque el hombre es el animal más encumbrado sobre la Tierra, todavía no está preparado para ser un amigo eterno del Creador.

El hombre podrá convertirse en el socio del Creador, y él tendrá el poder de crear materia del caos.

El hombre avanza con rapidez hasta la cima de su existencia, y sólo tiene que dar un paso más para alcanzar la amistad o armonía eterna con su Creador. Por su propio esfuerzo, debe liberarse de la falta de realidad física e ir hacia una realidad no física.

La inmortalidad es la parada final para todos nosotros

Cuando en una persona existen las siguientes cualidades, ésta es capaz de alcanzar la etapa de la inmortalidad:

La persona vive una vida intachable.

Es sincera.

Sólo actúa de manera honesta.

Se mantiene con un objetivo claro frente a sus ojos.

La meta u objetivo nos ayuda a comprender el plan de la creación y a actuar conforme a él. Percibimos la luz y deseamos que otros también la vean. Según la ley de la atracción las cosas afines se atraen.

¿Qué prueba tenemos de la existencia después de la muerte?

Es fácil demostrar que el alma de la persona abandona su cuerpo en el momento de la muerte. No es posible advertir esto con una visión normal porque ése es el plan del Creador. Él quiso que la salida del alma fuera un proceso digno. Para aquellas personas que no conocen las razones del hecho, que es bien sabido, de que hay vida después de la muerte, presentaré varias experiencias convincentes. Estas experiencias se investigaron ampliamente y de manera meticulosa, y no hay duda de su veracidad.

"Algunas personas muertas, portando siempre su vestimenta habitual, han sido vistas flotando afuera de las ventanas durante el día y la noche".

"Algunas personas muertas fueron vistas y se identificaron a una distancia considerable, sobre campos y florestas".

"Algunas personas muertas fueron vistas sobre nuestras cabezas, en casas, habitaciones, al aire libre, tanto de día como durante la noche".

Muchas personas han tenido experiencias semejantes a la que a continuación presentamos:

Cuando estaban sentadas en una habitación y al voltear de repente, vieron a algún pariente que estaba parado frente a ellas. Se desapareció en el momento en que lo advirtieron. Más tarde, se enteraron de que ese mismo pariente había muerto en el preciso momento en que se presentó frente a ellas. En muchos casos percibieron con certeza que algo le había sucedido a esa persona en lo particular. Más tarde descubrieron que le habían quitado la vida o había muerto en el preciso momento en que la vieron.

¿Qué sucede en el momento de la muerte?

En el momento de la muerte, el alma abandona el cuerpo. Con la liberación del alma, ya no existe la necesidad del sueño físico, y se está completamente despierto. Todavía se tiene la inteligencia que se tuvo en vida, y en la mayoría de los casos, no se sabe que uno ya ha muerto. Se trata de hablar, pero no se puede. Intentas hacer que otras personas te vean, pero no puedes. Comprendes que eres incompetente, y no entiendes la razón por la que las personas que te están mirando, no te ven. Todavía no entiendes que te has liberado de tu cuerpo. Piensas que, sin duda alguna, debe haber otras personas con las que tal vez puedas hablar. Vas a otro lugar, pero ni así puedes hablar con las personas que conoces. Puedes estar presente en tu propio funeral sin comprender lo que sucedió. Es entonces que te percatas de que se te ha quitado el poder, y te parece que no tienes control sobre el desenlace.

En los pocos casos en los que el cuerpo recobró la vida después de perderla, el espíritu de vida todavía conservó todo su poder.

Cuando volvemos a nacer, no recordamos ni las experiencias ni los pecados del pasado. Si nuestros parientes y nuestros amigos están con nosotros, los reconoceremos e identificaremos a los que conocimos en la tierra.

En la nueva vida, no recordaremos nada que no haya sido placentero. No sabremos el destino de nuestros amigos o parientes que hayan sido condenados a la destrucción.

Con frecuencia nos vinculamos con las profundidades del mar, y es en ese momento en el que nuestro ser entero se llena de una sensación de la presencia divina que bendice nuestra existencia. Si tan sólo sucumbieras ante los efectos apacibles de las visitas que se llevan a cabo mientras duermes, podrías aprender mucho acerca de la vida del más allá.

Un cuerpo inmortal

El cuerpo del hombre se diseñó para que pudiera hacer cualquier cosa. Aquí en la tierra, hay seres que pueden volar, caminar, nadar, oscilar y flotar en el aire, criaturas que pueden moverse despacio o con rapidez. Ninguno de estos seres puede hacer todo esto al mismo tiempo. Cada uno tiene sus propias limitaciones, pero todos esos poderes existen en cada uno. En el otro mundo, no tenemos un cuerpo físico porque no existe la materia física como la conocemos. Para que podamos entender esto un poco mejor, debemos recordar que el pensamiento universal pasa por una cadena de etapas y de cambios para poder crear materia de la luz.

El cuerpo que tenemos ahí, no está compuesto de elementos químicos, como lo está nuestro cuerpo ahora, sino más bien de una materia que antecedió a la etapa en la que aparecieron esos elementos. Ésa es la fase de desarrollo que precedió a la creación de la materia verdadera, como la llamamos, y lo que dio forma a aquella masa. Esto implicaría que las criaturas pueden retroceder después de la muerte, mas ése no es el caso. Es sólo la forma que se libera de su carga física y se purifica del caos en el que fue creada. Lo que perciben nuestros ojos como material y real es sólo un sueño, ya que lo material es inestable y cambiante y se descompone con rapidez en sus propios elementos.

El cuerpo del alma es una parte del pensamiento universal que va avanzado más allá de la etapa de la luz, pero que todavía no ha alcanzado la fase de los elementos químicos.

La ley del bien

En algunos sentidos, ésta es la ley más maravillosa de todas, ya que nos conduce de la Tierra a la vida bienaventurada. Esta ley afirma:

"Todo impulso positivo y toda acción meritoria que ha echado raíces en el mundo, seguirá existiendo hasta que dé fruto en el mundo futuro".

Esta ley no se relaciona con un solo impulso o una acción aislada, sino más bien con hechos que empezaron a arraigarse desde siempre. Vale la pena recordar eso. Los esfuerzos y arrepentimientos repentinos en nuestro lecho de muerte tienen muy poco valor. No tienen el poder para lograr comprar la vida eterna.

El autor y aviador estadounidense, Richard Bach, escribió la novela *Jonathan Livingstone Seagull*, en la que una gaviota se reencarna:

"¿En dónde están todos, Sullivan?" —preguntó calmadamente, cómoda con la telepatía natural que estas gaviotas utilizan en lugar de graznidos y chillidos—. "¿Por qué no hay más de las nuestras aquí? ¿Por qué, de donde vine, había..."

"...conozco a miles y miles de gaviotas". —Sullivan movió la cabeza—. "La única respuesta que vislumbro, Jonathan, es que tú eres más bien como un ave especial entre un millón de pájaros. La mayoría de nosotros nos hemos acompañado unas a otras y hemos ido con mucha lentitud. Fuimos de un mundo a otro que era casi idéntico al anterior, y olvidamos, casi de inmediato, el lugar del que veníamos, sin preocuparnos a dónde nos dirigíamos, manteniéndonos vivas sólo por el momento. ¿Tienes idea del gran número de vidas por las que hemos pasado antes de siquiera tener la primera noción de que hay algo más en la vida que comer, o pelear, o adquirir poder entre la bandada de aves? ¡Mil vidas, Jonathan, diez mil! Y después otro centenar de vidas hasta que empezamos a comprender que existe tal cosa como la perfección, y después, otras cien vidas para entender la idea de que nuestro objetivo al vivir es encontrar la perfección y demostrarla. Es evidente que la misma norma nos rige ahora; seleccionamos nuestro mundo futuro a través de lo que aprendemos en el actual. Si no aprendes nada, el mundo futuro será igual al de ahora. (...) Pero tú, Jonathan, aprendiste tanto de una sola vez, que no tuviste que atravesar por miles de vidas para llegar a la actual".

Richard Bach, *Jonathan Livingstone Seagull* (1970).

¿Qué significa el infinito?

Todo lo que continúa para siempre es infinito. Nuestro último lugar de residencia en el futuro es infinito y la vida que ahí existe es infinita. El lugar y la vida se parecen entre sí. Aquí en la tierra, tanto la vida como la materia son transitorias. Nuestro cuerpo, el aire y la tierra están involucradas en un proceso de disolución. El fin de todo elemento físico es la desintegración. La vida aquí, en todas sus formas, es transitoria.

Cuando la muerte no existe

Cuando no se utilizan los elementos de la naturaleza, no se da ningún cambio. El alma infinita no está compuesta de elementos, y por lo tanto no cambia y nada puede dañarla. No está en peligro de ataques de enemigos, ya que no la pueden agredir, ni ahogar ni envenenar: los golpes no la lastiman, ni las caídas la lesionan, porque no existe ningún elemento que la pueda dañar. No siente ni el fuego ni los relámpagos.

La vida, por lo tanto, continúa para siempre.

Los vikingos descubren un mundo

Vivian Branson era una joven británica normal, de complexión esbelta, cabello rubio y ojos azules. Lo que la hacía especial era su estatura. No cualquier joven se puede jactar de medir 1.90 m. Con frecuencia, la gente le decía que parecía un vikingo, pero a Vivian no le importaba.

Cuando tenía 19 años, después de tomar un curso secretarial breve, consiguió trabajo en una compañía importante de bienes raíces que estaba ubicada en el centro de Londres. Todos los días, cuando salía de la oficina y se dirigía a casa, se detenía en el bar de su barrio. Siempre pedía la misma bebida, un whisky doble en las rocas. Un día, observó que un hombre maduro estaba sentado en la barra. Al verlo, le recordó al actor, Omar Shariff, de alguna película que había visto hacía mucho tiempo. No se sorprendió cuando él le invitó una bebida. La conversación entre ellos fluyó con facilidad. Le dijo que se llamaba John McJefferson. Era un psiquiatra escocés que había venido a Londres por diez días para participar en un congreso profesional. Otra vez, al día siguiente y sin esperarlo, se encontraron en el bar. Quedaron de verse una tercera vez.

En su cuarto encuentro, Vivian invitó a John a su casa, y él se sorprendió al ver las pinturas que cubrían las paredes de su pequeño departamento. Vivian le platicó que últimamente estaba pintando casi todas las tardes. Él le dijo que estaba muy familiarizado con el lugar que aparecía con tanta frecuencia en sus obras. Sacó un péndulo del bolsillo interior de su saco de lana. Era una piedra transparente que colgaba de una cadena larga. En el lapso de unos cuantos minutos, Vivian entró en un trance hipnótico.

Describió un periodo muy antiguo en el que fue un joven llamado Sopan en un barco vikingo que se dirigía a la isla de Inchmarnock, en el suroeste de Escocia. Sopan relató las semanas tan difíciles que pasaron en el mar y la terrible batalla que se llevó a cabo cuando por fin desembarcaron en la isla.

¡Los marineros se enfrenaron con los escoceses!, los primeros eran gente de ideas fijas que en su territorio se peleaban por todo. Sopan sólo tenía 16 años cuando empezó a desangrarse en el campo de batalla que estaba cubierto de flores silvestres. Quedó tendido ahí con muchos de sus compañeros y esperaba la muerte que lo liberaría de su agonía. Entonces, empezaron a bajar los buitres... Vivian despertó del trance hipnótico en el que había estado sumergida durante una hora. Hasta John McJefferson, con toda y su amplia experiencia, se sorprendió al escuchar el típico dialecto vikingo del siglo XI que hablaba el joven, y que salía de la boca de una jovencita londinense que nunca había salido de su ciudad natal. En su siguiente encuentro, Vivian continuó la narración de sus antiguas experiencias en la isla de Inchmarnock. Tal parecía que había vuelto al lugar una y otra vez. Además como era Sopan, el joven vikingo, resultó que Vivian había vivido en la isla durante la época de Murnock, el santo cristiano. Este último construyó un monasterio en ese lugar, y Vivian esbozó, de manera detallada y exacta el plano del monasterio. Años más tarde se validó su bosquejo.

John McJefferson hizo una grabación y anotó todo lo que Vivian dijo bajo el efecto de la hipnosis. Posteriormente, cuando le permitió escuchar la grabación, ella no pudo identificar la voz, y menos aún entender lo que se había dicho en un idioma que le era totalmente desconocido.

Ronnie – Sami

Kaufinan había vivido en Lapland toda su vida. La región donde vivía estaba cerca del poblado de Lito, en alguna parte entre Suecia y Noruega. Esa mañana, se levantó más temprano que de costumbre para ir al mercado. Enganchó los perros al enorme trineo que estaba cargado de pieles, confituras y collares. Estaba nevando cuando Kaufinan emprendió la travesía. Su madre lo despidió desde la entrada de la *kuta,* una pequeña tienda de campaña en donde vivían. Ésa fue la última vez que lo vieron...

Hacia la terminación de su servicio militar en la división de paracaidismo, de pronto, Ronnie sintió que lo invadía una inquietud mental muy aguda. Sus últimos tres meses de servicio transcurrieron demasiado lentos. El día después de la liberación de su desempeño, Ronnie fue a una agencia de viajes que quedaba cerca de la casa de sus padres. "Deseo ir al lugar más lejano y lo más frío posible", le dijo al sonriente y joven agente de viajes.

Unos días después, Ronnie abordaba un avión hacia Escandinavia. Su primera escala fue en un pequeño poblado llamado Ivlu, en la ribera del lago Inari que estaba congelado. Ronnie llegó ahí un jueves, el día en que el mercado del lugar estaba más concurrido. Fue después de una hora que Ronnie se dio cuenta de que realmente entendía algunas palabras. Se sorprendió ante esto. Los lugareños, a quienes llamaban Sami, hablaban un idioma extraño que era diferente a todos los que él había escuchado hasta entonces. Ronnie siguió paseando por el mercado, encantado con el espectáculo, los colores, los aromas y la limpieza. Desde su niñez él estaba acostumbrado a otros ambientes. Aquí todo era quietud. Los puestos estaban ordenados y los productos agrícolas estaban arreglados en montones pulcros sobre los mostradores de madera, como si fueran hileras de soldados.

El segundo día que fue al mercado, Ronnie conoció a Lassa, quien se convertiría en su mejor amiga. Lassa hablaba un poco de inglés, así que pudieron comunicarse. Cuando Lassa invitó a Ronnie a su casa, él no lo pensó dos veces. La pequeña casa de madera estaba amueblada de manera sencilla, y los padres y la hermana de Lassa lo recibieron con afecto. A la mañana siguiente, descubrieron que había nevado muy fuerte y se quedaron en casa todo el día, tomando té caliente y sopa de verduras. En dos días no pudieron salir. Se pasaron el tiempo contando historias de la vida del lugar y le pidió a Ronnie que les platicara de su país de origen y de su familia. De manera sorprendente, Ronnie aprendió muy rápido a marcar con hierro caliente el ganado de la familia. La letra R era la primera letra de la palabra Robnaymi, que era el apellido de sus anfitriones —así que marcó el cuarto trasero de los desdichados animales. La piel les ardía mientras que sus patas se cubrían de la nieve helada.

Fue sólo después de cuatro días de trabajo que Ronnie se dio cuenta de repente de que estaba marcando a los animales con la primera letra de su nombre. ¿Coincidencia? Se rió para sus adentros. Tal vez una manada de ciervos y gacelas era algo especial en la distante Lapland, pero sin duda alguna, no impresionaría a nadie en su hogar.

Transcurrieron seis meses. Ronnie se convirtió en un miembro más de su familia adoptiva. Se sentía cómodo en esa tierra lejana, en medio de campos nevados interminables, ríos espumosos y florestas. Lo que más le agradaba era comer pescado ahumado que ellos mismos preparaban, y la sopa que hacía la mamá de Lassa.

Con el tiempo, Ronnie empezó a ganarse la vida en el río Kami-Juki, como instructor de manejo de balsas con los turistas que buscaban aventuras. Por lo menos dos veces a la semana iba al mercado, y los otros días transportaba mercancía en su motocicleta para nieve y de esa forma podía ayudar a Fiona, su novia de ojos azules. Algo que no se atrevía a hacer era subirse a un trineo jalado por perros... Varias veces Lassa intentó convencerlo, pero Ronnie se rehusaba con terquedad.

Un día, al atardecer, cuando todos estaban sentados a la mesa en la casa de Lassa, Ronnie les contó por milésima vez de su hogar y del país de donde venía, en donde el terreno era de color amarillo y arenoso, y en donde nunca nevaba. En un momento dado, Ela, la madre de Lassa, sacó un pañuelo que había doblado con mucho cuidado y que contenía unos palitos de madera ya secos. Los extendió sobre el pañuelo y Lassa le explicó que deseaba preguntarle a los grandes espíritus la razón por la que Ronnie, y no otro, había llegado a su casa.

Ela frotó las varitas entre sus manos y las arrojó sobre la mesa. Lo que vio, la hizo palidecer. Se quedó en silencio durante mucho tiempo, y después susurró: "Tu abuela, Lassa, asegura que Ronnie era el hijo que ella había perdido antes que yo naciera. Una mañana él fue al mercado en un trineo arrastrado por perros y nunca regresó. Yo comprendí todo..."

La playa Esqueleto

El 18 de enero de 1990, un día frío y lluvioso de invierno, siete personas se subieron a una avioneta. Su objetivo era hacer un viaje a Namibia. Quien tuvo la idea fue Bella Hodorov, una bióloga soltera de 36 años que había reunido a un grupo de aficionados del desierto y de la aventura.

Todo empezó cuando Bella estaba estudiando y leyó sobre la planta Vellozia que crecía en Namibia. La planta produce sólo un par de hojas, pero estas hojas algunas veces alcanzan una altura de 2.75 metros. Estas plantas tan especiales pueden sobrevivir durante 1,000 años —¡algunos especialistas en botánica aseguran que pueden vivir hasta 2,000 años!

Bella sentía que tenía que conocer esta planta maravillosa en su hábitat. Empezó a sondear la idea con algunos de sus amigos. Al terminar el año, con la intención de ir hasta una región muy al sur, se formó un grupo de cuatro hombres y tres mujeres: el arqueólogo Gershon, el fotógrafo Doron, el biólogo Ronnie, y Moshe, el agente de publicidad. Además de Bella, iban otras dos mujeres, Miriam, quien era agente de viajes, y la antropóloga Dalia.

En ese día frío y lluvioso de enero, cuando salieron del aeropuerto de Ben-Gurion, Bella no se imaginaba que iba a tener la aventura más grande de su vida.

La primera escala fue en Cape Cross. Bella sabía que ése era el lugar en el que había estado, hacía 500 años, el explorador Diego Cad. Lo que parecía extraño fue que le pareció que ese lugar le era ya muy conocido. Después de que el grupo admiró la gran cantidad de focas que vivían en la región, continuaron hacia el norte con rumbo a la playa Esqueleto. Este litoral es conocido mundialmente por los cientos de embarcaciones que encallaron en la costa; en la actualidad, todavía se pueden observar los restos de los naufragios.

Al día siguiente, todos se fueron a una excursión en jeep a las famosas dunas. Sin embargo, Bella, prefirió irse por su lado. Según estaba enterada, el lugar era una reserva natural muy especial. Por la mañana, se paseó por toda la región de Damarland, en donde es muy fácil perderse. Después de descansar un rato para almorzar, se fue a la playa. Detrás de una de las rocas gigantescas, advirtió un montón de varillas de hierro ya oxidadas. Ya no quedaba mucho de lo que en algún tiempo fue un barco. Bella se sentó en la arena blanda y se puso a contemplar el agua azul y transparente, trató de imaginar la tragedia humana que había ocurrido en ese lugar, cuando una embarcación, llena de emigrantes que venían con la esperanza de obtener riquezas fáciles, había zozobrado y encallado en las rocas.

De pronto, Bella se despertó con sobresalto: el sol se había ocultado y estaba casi completamente oscuro. Se dio cuenta de que se había quedado dormida. El recuerdo del sueño que tuvo todavía estaba fresco —tanto que le fue difícil distinguir entre la imaginación y la realidad. Bella recordaba la escena con toda claridad: se vio a sí misma portando un vestido largo y un sombrero con una pluma, estaba sentada frente a una mesa que tenía un mantel blanco, llena de bocadillos exquisitos que estaban en unos platos blancos decorados con flores doradas. Había muchas personas sentadas a la mesa, y reconoció varios rostros. Todos iban en camino a Namibia, un lugar donde les habían dicho que había diamantes en la arena. De repente se oyó un ruido muy fuerte, y el barco se escoró. Alguien gritó. Enseguida, se desató un infierno. Todos veían sólo por sí mismos. Bella corrió al camarote en donde Hans, su hijo de un año, dormía con Theodore, su esposo, pero el camarote estaba vacío. Parecía que ya habían subido a uno de los botes de rescate. Bella corrió a cubierta. Un hombre obeso que trataba de subir a la lancha de rescate, la empujó con rudeza y Bella cayó en las aguas turbulentas.

Todo estaba oscuro. Bella se sentó aturdida sobre la arena blanda. Ella sabía, simplemente sabía, la interpretación del sueño que había tenido. Había estado ahí en el pasado, se había ahogado en esas aguas, y había regresado para llegar a una conclusión. De pronto, todo se aclaró. Aunque habían transcurrido 300 años, Bella podía sentir el dolor de la separación de su esposo, de su hijo y la vida que había tenido. Las lágrimas le rodaban por las mejillas y ni siquiera se tomó la molestia de enjugarlas. Todo lo que deseaba era una pequeña señal —algo que pudiera demostrar que no fue sólo un sueño.

Más tarde, en la noche, cuando Bella fue con sus amigos al bar del barrio, conoció a un hombre que había venido de Londres, en donde residía, para visitar su tierra natal.

"Hola, soy Theodore", le dijo, "¿te he visto antes en algún otro lugar?"

Los tres dedos

Robert Nelson era uno de los cientos de pasajeros que se bajaron del avión en Papua. Era en la tarde, y muy en el fondo, Robert se maravilló ante el hecho de que fuera posible ir en unas cuantas horas, de las calles ordenadas de Melbourne, Australia, en donde radicaba, hasta un mundo primitivo.

Robert no tenía pensado ir a ese lugar. Durante 22 años había trabajado en una compañía de programación de computadoras. Era un hombre de edad madura con gran abdomen y lentes gruesos, que pasaba la mayor parte de su tiempo en su oficina, frente a una computadora. Nunca había tenido mucha suerte con las mujeres, tanto por su apariencia como por su naturaleza retraída. Lo que le había molestado en el pasado, se le fue haciendo un hábito. Le gustaba el aislamiento.

Y así fue que llegó la oferta. El gerente general de la compañía lo invitó a una junta en su cómoda oficina que quedaba en el piso 17 del edificio. Ahí, sin ningún preámbulo, le ofreció un contrato bastante tentador, con la condición de que estableciera una nueva sucursal en Papua. Robert Nelson soltó una carcajada. Creyó que era un buen chiste. Habiendo tantos otros, no comprendía por qué lo escogía a él, siendo una persona tan conservadora y anticuada. Sin embargo, conforme avanzaba la conversación se dio cuenta de que lo escuchaba con atención. Dos horas más tarde, habían firmado los acuerdos necesarios. Robert Nelson se fue a casa y empezó a empacar.

El día que llegó a Papua, le empezaron a doler los dedos de la mano derecha. Durante tres días estuvo ocupado acomodándose en el pequeño departamento que habían puesto a su disposición. Al cuarto día, en lugar de ir a la oficina para empezar a trabajar, fue al médico. Le hicieron una serie completa de estudios que no revelaron nada. Cápsulas, radiografías, lo intentó todo, pero sin ningún resultado. Robert regresó a la oficina. Empezó a dar instrucciones a los tres empleados que fungirían como el apoyo principal de la compañía local.

Spike, residente del lugar y colega suyo, advirtió los dedos lastimados y distorsionados de Robert. Con prudencia, le sugirió que visitaran al jefe de la tribu, quien era el médico de la región Holi. De manera despectiva, Robert rechazó la sugerencia, pero después de otros tres días de dolor agudo, le suplicó a Spike que lo llevara. Después de un trayecto de media hora, llegaron a la casa del jefe de la tribu. El hombre, quien era de piel oscura y tenía cabello largo y encrespado, vestía una prenda confeccionada con piel y plumas. Condujo a los dos hombres a una cueva en la montaña. Unas piedras negras grandes estaban esparcidas a la entrada. Dentro de la cueva, sobre unos anaqueles limpios que se habían improvisado con troncos de árbol, había cráneos pintados colocados en hileras rectas.

Robert, Spike y el jefe de la tribu se sentaron en el suelo alrededor de una hoguera. Robert bebió agua de un tazón de barro. Spike le explicó que era solamente agua en la que algunas hojas de enebro se habían puesto a remojar. La bebida estaba caliente y era fuerte. Durante la conversación en la que Spike servía de traductor, Robert empezó a marearse debido al aroma de las hojas que estaban hirviendo en el fuego. Repitió en voz alta las palabras incomprensibles que pronunciaba el jefe de la tribu. Un poco después, la oscuridad lo envolvió todo.

Cuando Robert despertó del sueño profundo que lo había embargado, se dio cuenta de que el jefe y Spike lo miraban con afecto. Le dieron una bebida caliente que no conocía. Mientras bebía, Spike puso la conversación que habían grabado en la pequeña grabadora que Robert le había dado en su primer día de trabajo.

Robert reconoció su propia voz, aunque no entendió ni una sola palabra de lo que decía. Lo que sonaba como una algarabía, resultó ser un dialecto de alguno de los 800 dialectos que se hablaban en la región. "Estuve aquí hace 119 años. Me llamaba Mankan..." Cuando su esposo y dos de sus hijos murieron en una batalla que sostuvieron con una tribu vecina, ella se había cortado tres dedos de la mano derecha, lo que era la señal convencional de un duelo...

Robert escuchó en silencio la traducción y las explicaciones. Guardó silencio mientras que el jefe de la tribu, valiéndose de una pluma larga, derramaba sobre el fuego la sangre de una lagartija grande. Después de permanecer otra hora sentados en medio del humo que salía del fuego, Robert se levantó para regresar a casa. Aunque se sentía un poco mareado, se dio cuenta, sin una sombra de duda, que el dolor de su mano derecha había desaparecido.

Perlas y champaña

El abogado, Dror Golan, permanecía callado y pálido. El médico del instituto patológico, desdobló la sábana blanca que cubría el cuerpo, y de repente vio el rostro de Sharon, su esposa. A pesar de la palidez de la muerte, estaba tan hermosa como siempre. Dror movió la cabeza y se inclinó para besar su rostro muerto. En el fondo de su corazón, se cuestionó la razón por la que el pelo de Sharon todavía destilaba la fragancia que a él tanto le agradaba. Se enderezó, contempló el rostro que había amado durante treinta años, y salió. Sostenía en sus manos una bolsa pequeña de polietileno que contenía los aretes de perla y la cadena que el médico le había entregado.

Así fue como se encontró el cuerpo de Sharon —vestida de manera elegante, hasta el último detalle, incluyendo las joyas. Murió de la misma manera que había vivido —como una verdadera dama.

Dror llamó a sus padres de un teléfono público y les pidió que fueran a su casa y esperaran a su hijo, Shai, hasta que llegara a casa de la escuela. Él se dio prisa para hacer todos los arreglos necesarios para el entierro.

Dror se cuestionaba de dónde habría sacado Sharon los barbitúricos que había ingerido. Sospechaba que la doctora

Ami Straus, una amiga de Sharon desde la infancia, se los había dado. Por lo menos en dos ocasiones, Sharon le había dicho a Dror que Ami le había prometido que no la dejaría sufrir demasiado. Cuando se le informó que el cáncer se había extendido hasta su hígado y columna, sabía que sólo era cuestión de tiempo. Los dolores fueron en aumento, y los tratamientos ya no podían hacer nada para posponer el final inevitable. Después de un cierto tiempo, dejó la quimioterapia y la sustituyó por analgésicos.

Sharon lo preparó todo. Hasta dejó una carta, que Dror encontró en la caja de seguridad del banco después de un mes de su muerte. "Quería que siempre me recordaras hermosa, perfumada y sonriente, como antes de que me enfermara. Perdóname por dejarte. Siempre te amaré. Tuya, Idit". Dror no comprendió la razón por la que Sharon había firmado con el nombre de Idit. Aparecía como su segundo nombre en la tarjeta de identificación, pero nunca lo usaba.

Transcurrieron veinte años. Shai, quien ya tenía 26 años, regresó de un viaje que había hecho al Lejano Oriente. Una semana después, Dror abrió la puerta de la recámara de su hijo y descubrió a una jovencita encantadora que estaba parada en medio de la habitación, sólo tenía puestos el brasier y la pantaleta. Sorprendido, cerró la puerta.

En el desayuno, todos hacían un esfuerzo por mostrarse corteses y serios. Shai presentó a su amiga, Idit, y anunció que estaban por contraer matrimonio. Después de esa mañana, Dror se reunió varias veces con los padres de Idit y su familia. Tres meses después la familia y los amigos se reunieron en el jardín para celebrar el matrimonio de Shai e Idit.

Cuando llegó la hora de tomar las fotografías de la boda, Dror estaba solo, sentado en la terraza, miraba la colina de enfrente y recordaba su matrimonio con Sharon que había acontecido hacía muchos años. Lo embargó una ola de nostalgia y fue al librero abarrotado y sacó un álbum en el que guardaba fotografías antiguas.

Fue sólo cuando sacó la fotografía de su boda y la colocó sobre la mesa de cristal, que se dio cuenta de que había un parecido sorprendente entre las dos mujeres. Se quedó asombrado de que no lo hubiera notado antes.

En la siguiente visita, Dror sacó de la caja fuerte las perlas y los aretes y, con lágrimas en los ojos, se las dio a Idit. "Siento que estas joyas son tuyas", le dijo con voz temblorosa.

Una cena en París

David Ga'aton de 52 años, era famoso entre sus amigos por ser un hombre de negocios exitoso y astuto. Él fue la persona que construyó las enormes y selectas piscinas para los adinerados del país. Él era aquel a quienes las personas acudían cuando deseaban realizar algún sueño arquitectónico. Se especializaba en convertir en realidad los caprichos de sus clientes. Por supuesto, todo era cuestión de precio. Durante 15 años, desde que lo liberaron de la milicia, David logró ganar mucho dinero. Hacía tres años y medio, había construido una enorme y elegante villa en una colonia prestigiosa en Ramat Hasharon, una de las ciudades más ricas de Israel. Lo tenía todo: una mujer encantadora, dos hijos exitosos y una carrera floreciente. Por lo menos dos veces al año, él y Yafit viajaban al extranjero. Él se ocupaba de las exposiciones profesionales y ordenaba las muestras más modernas de azulejos y otros materiales relacionados. Yafit iba de compras y después se reunían para comer. David siempre era el primero en introducir en Israel todas las innovaciones más recientes y más estupendas. De vez en cuando, también iba al Lejano Oriente. Prefería ir solo, para poder mezclar los negocios con el placer. Lo que Yafit no sabía, no la dañaría, así era como acallaba su conciencia...

En 1993, debido al desplome económico, David se vio envuelto en una recesión severa. Solía sentarse en su lujosa oficina durante horas, en espera de que un fax le anunciara su salvación. Sin embargo, como si quisiera fastidiarlo, la máquina de fax guardaba silencio.

No importaba lo que hiciera o intentara, simplemente no funcionaba. Sus transacciones comerciales disminuían de manera reiterada, hasta llegar casi a cero, no obstante, sus gastos seguían siendo elevados. Se utilizaron los ahorros reducidos de la familia Ga'aton, y éstos se empezaron a agotar. Al terminar la temporada alta de vacaciones, David sintió que había llegado al límite de sus recursos. Yafit no cesaba de protestarle durante sus pláticas prolongadas que continuaban hasta muy entrada la noche, y él no sabía qué contestarle. Decidió que no iba a esperar que todo se colapsara, así que fue con su agente de viajes y le solicitó un boleto a París.

Estaba lloviznando cuando el avión aterrizó en el aeropuerto Orly. David salió de prisa de la terminal y tomó el primer taxi que vio. Estaba cansado y quería llegar al hotel tan pronto como fuera posible. Eran las seis de la tarde, y con satisfacción se dijo para sí que hasta ese momento, todo salía según lo había programado. Cenar, darse un baño y seguir con una noche de sueño reparador. Para la mañana siguiente, tenía otros planes: muchas llamadas por teléfono y algunas reuniones. David se relajó en el asiento de atrás y se quedó medio dormido con el sonido de la música suave que venía del aparato de sonido de la cabina del taxi.

David se despertó aterrado. Vio su reloj y se consternó al ver que las manecillas indicaban las ocho y media. "Hay embotellamientos, señor, debido a la lluvia", le dijo el chofer. Se inclinó hacia el frente y vio el rostro de una jovencita con el pelo recogido detrás de un cachucha negra. "Eres una joven", murmuró turbado. "Sí", contestó ella, "¿Hay algún problema?" Ambos soltaron una carcajada. Monique, la conductora, se presentó formalmente. Le dijo a David que tenía 25 años y era estudiante de leyes y que pagaba sus estudios trabajando como conductora de taxi. Le explicó que a sus padres los habían matado cuando ella tenía sólo siete años. Desde entonces había vivido en la casa de sus abuelos ya ancianos. El empezó a contarle sus problemas en casa y en su negocio. En un momento dado, ella se volteó a verlo una vez más y le sugirió que se detuvieran para tomar un refresco en uno de los restaurantes de la autopista. De pronto, David se dio cuenta de que tenía mucha hambre; de todos modos, el tráfico no se movía y pensó para sus adentros que no tenía tanta prisa. En la primera oportunidad que tuvieron de salir de la vía rápida, se detuvieron en el motel Bordeau. Era un edificio antiguo muy bello que tenía la forma de una herradura y en el centro había un restaurante con ventanas grandes de marco de madera. El estacionamiento ostentaba una pequeña fuente que se veía un tanto graciosa en medio del aguacero. David y Monique entraron al restaurante escurriendo de agua y riéndose. Se sentaron en una mesa pequeña cubierta con un mantel rojo y blanco a cuadros. Pidieron un filete, papas y una botella de vino tinto. Dos horas más tarde, después de haber consumido una segunda botella de vino, a ambos les quedó claro que ninguno de los dos iba a ir a ninguna parte esa noche. La lluvia que caía a cántaros y el viento, junto con la intimidad y la cercanía que crecía entre ellos, no dejó lugar a dudas de lo que sucedería el resto de la noche. Se registraron en la recepción, tomaron la llave y subieron a una habitación del segundo piso. David recordó aquella noche durante mucho tiempo.

La semana que pasó en París fue una mezcla de encuentros románticos y apasionados y de reuniones de negocios infructuosos. Monique y David no hablaron mucho después de esa noche en la que se conocieron. Su pasión y su intoxicación sensual los subyugó y preferían pasar cada momento libre en cama. Fueron una y otra vez al motel en donde habían pasado la primera noche. Todo les parecía tan familiar y cómodo, como si estuvieran en casa. En el último día de la estancia de David en París, Monique lo llevó a la casa en donde había crecido. Cerca del río había una casa muy antigua con dos enormes robles que estaban uno de cada lado de la casa. David contuvo el aliento. La casa le era conocida, como si hubiera estado ahí con anterioridad. Antes de traspasar el umbral, ya sabía cómo estaba todo por dentro. Cuando fueron a la cómoda estancia, que estaba equipada con muebles antiguos, David insistió en acercarse a la enorme chimenea y tocar los ladrillos rojos que la rodeaban. "Aquí hubo alguna vez una apertura", se dijo a sí mismo. "Una puerta, escaleras, o un pequeño túnel. Tal vez alguien escondió un tesoro en este lugar", dijo bromeando, mientras observaba la mirada asombrada de los propietarios... Los abuelos de Monique se rieron con cortesía. "La casa ha pertenecido a la familia durante 500 años, pero no estamos enterados de que existan unas escaleras de este lado".

Al terminar la semana, David regresó a Israel, pero nada era como antes. Monique no fue sólo una aventura pasajera. Soñaba con ella por las noches, con aquel pelo largo, lacio, de color castaño, con sus grandes ojos que lo miraban mientras hacían el amor, con la vieja casa en el pueblo, unas escaleras largas y angostas que conducían al túnel en las afueras del pueblo. Ella ni escribió ni lo llamó. Sin embargo, él conservó su dirección bien escondida entre sus documentos. Sintió que tenía que volver con ella, pero ¿cómo podía dejar a su esposa y a sus hijos?

Transcurrieron tres meses de noches en las que las pesadillas lo obsesionaban. Un viernes fatídico, David cerró la oficina más temprano de lo acostumbrado. Después de todo, no tenía mucho trabajo. Había hecho una cita con un adivino famoso que le había recomendado una cliente. Al principio, cuando hablaron al respecto, David se rió y aseguró que él no creía en "esas cosas". Sin embargo, ahora que estaba angustiado, decidió intentarlo.

David llegó a la dirección que la mujer le había proporcionado por teléfono. Entró en un departamento pequeño y desordenado. En un sofá forrado con tela floreada y ya descolorido, estaba sentada una anciana vestida de negro. Se sentó enfrente de ella, y cuando ella levantó la mirada, se percató de unos ojos azules muy penetrantes, como nunca había visto antes. De alguna manera, sintió que había ido al lugar correcto. La bruja Simona, como él la llamaba en secreto, sabía muchos detalles personales relacionados con él. Le relató el accidente que había tenido cuando tenía nueve años, cuando se salvó de milagro, le habló del incidente en la milicia en el que estuvo a punto de que se lo llevaran prisionero y de los dos hijos que tuvo. De pronto, la anciana palideció, su tono de voz cambió y se puso agresiva:

"Ya la habías abandonado una vez hace mucho tiempo. No lo hagas de nuevo. Vivías con ella en la casa grande de piedra en la cima de la colina que estaba junto al río, y durante la plaga Negra ella te cuidó, pero ya había llegado tu hora. Después de tu muerte, ella salió huyendo del pueblo con los niños, por el túnel que tú habías cavado dentro de la casa. Ella está esperando. Ahora tienes la oportunidad de pagar tu deuda con ella..."

El mercado en Marruecos

Rebecca Klaus siempre supo que iría a Marruecos. Durante varios años, desde que le empezaron a interesar el misticismo y la meditación, sabía que ella pertenecía allá. Con frecuencia, cuando su espíritu oscilaba en algún otro lugar, se veía ataviada como una bailarina sensual del Oriente Medio, girando en las arenas amarillas del desierto. En el lado opuesto estaba un grupo de hombres de piel oscura que la observaban con ojos lujuriosos. Al finalizar el baile, cuando estaba empapada en sudor y temblando por el esfuerzo, un hombre alto de ojos verdes se le acercaba. Con toda gentileza la conducía al interior de una tienda de campaña grande, se inclinaba y colocaba unos grilletes de hierro alrededor de sus tobillos. Ella no entendía el idioma que él hablaba, pero sus ojos lo decían todo. Regresaba tarde por la noche y le llevaba sobrantes de la comida de los hombres. Ahí sobre un tapete, alejada del resto de las jóvenes, se quedaba profundamente dormida. Esto continuó hasta el día en que llegaron a la gran ciudad. Eran hombres adinerados del pueblo que habían ido a comprar esclavas jóvenes y bellas, y los estaban esperando.

El aire estaba caliente y húmedo, y el olor a especias desconocidas envolvieron a Rebecca Klaus desde el momento que bajó del avión. Aunque ya era de noche, su falda blanca de seda se adhería a su cuerpo sudoroso. En Bélgica, su lugar de origen, era invierno, y había empacado el abrigo grueso en un maletín de mano grande que había preparado con anterioridad.

El chofer del taxi llevó a Rebecca al hotel Tishaka, que no quedaba lejos de la ciudad de Marrakech (antigua capital de Marruecos). El hotel era lujoso y estaba decorado con placas de piedra labrada según el estilo del lugar. A un lado del hotel, entre prados y palmeras, descansó a la orilla de una enorme piscina, que estaba forrada totalmente de mosaicos azules. Cerca de la piscina había un pequeño edificio que se parecía a una mezquita y que tenía una bóveda decorada con estrellas de varios colores y algunas formas geométricas. Rebecca, de inmediato, se enamoró del lugar. Todo le encantaba. Se sintió como una niñita que se había adentrado en un cuento de hadas...

La religión judía

Algunos judíos convencidos rechazan con vehemencia el concepto de la reencarnación. También niegan la existencia de esta idea entre las antiguas filosofías judías. Por otra parte, existen rabinos que consideran este fenómeno como una parte inseparable del judaísmo.

Shlomo Asch menciona en uno de sus libros: "No es la facultad de recordar sino más bien la facultad de olvidar, lo que es un prerrequisito de nuestra existencia". Si el concepto de la reencarnación es correcto, esto significa que durante una fase intermedia, cuando el alma se cambia de un cuerpo al siguiente, tiene que atravesar por un mar de olvido.

Algunas veces, el ángel a cargo del proceso del olvido, que es vital, "no recuerda" hacer su trabajo. Nos acordamos de partículas de información del mundo en el que vivimos con anterioridad, y esto ocasiona que nos persigan recuerdos de otras vidas. Estas reminiscencias se precipitan como nubes desde el pico de una montaña hasta el valle del pensamiento, y se entrelazan en los sucesos de nuestra vida. Se manifiestan en pesadillas. En algunas ocasiones, la persona escucha voces de otra dimensión.

En el primer siglo de la era Cristiana, el historiador judío, Josephus Flavius, trató el tema de la reencarnación en su libro, *The Wars of the Jews*. En la capacidad de su puesto como general de la armada que combatió contra los romanos, quedó entre los pocos que sobrevivieron a la batalla sangrienta. Le afectó profundamente ver a los soldados que preferían intentar quitarse la vida antes que caer en el cautiverio: "Los cuerpos de las personas son en realidad humanos y están hechos para la destrucción. Sin embargo, el alma es eterna, y es esa parte eterna la que entra en nuestro cuerpo. ¿No sabéis que quien sale de esta vida de manera natural obtiene la vida eterna y la gloria?... En el acontecer eterno, son enviados de nuevo a campos puros... y a aquellos que actúan con locura en contra de sí mismos, se les recibe en el lugar oscuro que pertenece al dios de la muerte, Hades".

Josephus también explicó la forma en que varias corrientes del judaísmo consideran el tema de la reencarnación. Algunas personas se relacionaron literalmente con el cuerpo, y en su opinión, su alma murió junto con su cuerpo. Otras aseguraban que sólo las almas de las personas subsistían. Dicha alma abandona el cuerpo muerto y pasa a otro cuerpo, mientras que las almas de los malvados quedan condenadas al castigo eterno.

Los esenios nos dejaron los manuscritos del Mar Muerto en los que, entre otras cosas, describen sus creencias religiosas. Ellos creían que el alma sobrevive a la muerte física. Aunque no se menciona de manera específica, se sabe que los esenios fundamentaron sus creencias en el concepto de la reencarnación que más tarde se transfirió a la teoría de la Cábala.

Un personaje importante de ese tiempo fue el filósofo alejandrino, Guadius. En su tratado, *De Summis*, dijo: "El aire está lleno de almas. Las que están cerca de la Tierra, descienden para unirse a cuerpos humanos".

En otro lugar, escribió: "La compañía de las almas que carecen de cuerpo, constituyen un elemento disruptivo... Algunas almas están destinadas a entrar a un cuerpo humano y, después de un periodo de tiempo predeterminado, lo abandonan para liberarse... A las almas que alcanzan un nivel sagrado alto, se les exime de los lazos que las atan a la Tierra. Las almas bajan a la Tierra para aprender y adquirir conocimientos".

El rabino Moshe Gaster describe el concepto de la reencarnación en sus escritos que aparecen en *The Encyclopedia of Religions and Peoples*. Él escribió: "No cabe duda de que esta idea es muy antigua en el judaísmo. Los samaritanos, en sus escritos sagrados, aceptaban la idea de la existencia de un alma que se otorgó al primer hombre, y pasó a través de reencarnaciones a Set, a Noé, a Abraham, y después a Moisés".

En el judaísmo no existen explicaciones específicas relativas a la reencarnación, pero en otros lugares, se menciona como una idea que es manifiesta.

En la Cábala, se menciona que el rey David era la encarnación del primer hombre, y que estaba destinado para regresar un día como el Mesías.

Se supone que la Cábala representa la sabiduría oculta detrás de la Biblia, y que es el fruto de los rabinos de la Edad Media y es posible que inclusive de algunos anteriores a éstos. Las primeras personas que se dieron a conocer como "cabalísticos" eran, de hecho, los tannas (grandes sabios) que vivían en Jerusalén. La tendencia céntrica afirma que Moisés recibió, en el monte Sinaí, tanto la ley como la sabiduría de la Cábala (la raíz de la palabra hebrea *Cábala*, significa *recibir*). Las palabras de la Cábala no son menos poderosas o válidas que los mandamientos en las tablas de la ley. Inclusive existieron personas que aseguraban que la Cábala estaba "por encima de la ley".

El italiano, Pico della Mirandola, humanista y seguidor de la Cábala, explicó que los grandes maestros espirituales tales como Moisés, transmitieron la ley de manera verbal, a través de 70 rabinos, hasta que se escribieron las palabras en los libros de la Cábala.

En la Edad Media había muchos seguidores activos de la Cábala, entre ellos el rabino Isaac Luria, quien fundó una escuela especial en Galilea. El rabino Chaim Vitel escribió *The Tree of Life*, y de hecho, este libro sirvió como fundamento para el libro, *The Beginning of the Wheels*, obra del escritor cabalístico Van Rostenrot (1636-1679). El libro explica la evolución del alma y el procedimiento según el cual funciona el principio de la reencarnación.

El tema de la reencarnación aparece también en el Talmud: Dios hace que el alma de una persona se encarne en otro cuerpo, porque la persona falló en la observancia de uno de los mandamientos que todo judío debe observar. Sin embargo, hasta Moisés, el padre de los profetas, no siempre observó todos los mandamientos. (En la opinión de los seguidores de la Cábala, el primer hombre pecó, y su alma se entregó a David. David pecó y por lo tanto su alma se otorgó al Mesías).

Por tradición, los escritos de la Cábala se atribuyen al rabino Simeon Bar Yochai, quien huyó de Jerusalén y en su retiro, escribió el *Zohar* (*The Book of Splendor*). Después de su muerte, dos de sus alumnos, los rabinos Eliécer y Abba, cotejaron su obra en un libro. Ésta fue la obra original *The Book of Splendor.* En los siguientes mil años, la Cábala sólo la estudiaban unos cuantos y en gran sigilo. En 1280, volvió a aparecer *The Book of Splendor*, que incluía las correcciones del rabino Moisés de León, originario de España.

Fue sólo hasta entonces que los cristianos descubrieron la Cábala y empezaron a estudiarla.

En la actualidad *The Book of Splendor* está formado por cinco libros, el quinto de éstos trata de "la redención de las almas". "Todas las almas están sujetas a un gravamen y a un cambio espiritual. Los seres humanos no conocen el plan maestro, no saben que están a prueba de manera constante: antes de llegar a este mundo, y cuando lo dejan".

De Bruselas a Bombay

Michel Coursier nació en Bruselas y vivió ahí durante la década de 1950. La nueva región de Kokkelberg quedaba sólo a media hora del centro de la ciudad. Cuando era niño, iba con frecuencia a la enorme y famosa iglesia del lugar, a pesar de su origen judío. Al niño le fascinaba el edificio elegante. Todos los niños del barrio jugaban en la nieve durante el invierno; en el verano, correteaban a los patos del pequeño lago. En casa de Michel se hablaba flamenco, francés e inglés, y acostumbraban escuchar música clásica. Cuando le llegó el tiempo de ir a estudiar a la universidad, le pareció lógico optar por relaciones internacionales.

Diez años después, cuando Michel cumplió 30 años, fue a la India por primera vez. Fue su primera misión oficial. Algunas personas se sorprendieron cuando el gobierno de Bélgica se atrevió a enviar a un representante oficial soltero a un país tan distante, pero Michel era el adecuado y estuvo de acuerdo en desplazarse, a pesar del corto aviso por parte de la Oficina de Asuntos Extranjeros.

Después de dos meses de reuniones oficiales con el personal diplomático del lugar, Michel logró disponer de un poco de tiempo libre para visitar los lugares de interés de los alrededores. Por las tardes, solía salir de su casa y bajar al río Ganges. Siempre había gente ahí. A todas horas del día y de la noche, había personas quemando a sus muertos, bañándose, y lavando su ropa. A unos cuantos metros podía observar diferentes panoramas de la vida de la India con su sistema de castas.

Un día, al atardecer, mientras paseaba a la orilla del río como acostumbraba hacerlo, advirtió que una joven estaba sentada sobre un peñasco y tocaba una pequeña flauta. Era muy joven, delgada y de tez oscura, y lo más sorprendente era que tocaba una melodía flamenca que Michel recordaba desde su infancia. El contraste tan fuerte entre el paisaje y la melodía lo conmovió e hizo que se le rodaran las lágrimas. De repente sintió mucha nostalgia. Decidió que al mes siguiente iría a su tierra natal y no se esperaría tres meses hasta que llegara la Navidad. Mientras pensaba en su hogar, la joven se levantó y se acercó a él. Se le quedó viendo con una mirada penetrante y le extendió la mano como si quisiera una limosna. Michel, un tanto avergonzado, buscó en sus bolsillos y no encontró nada. "Ven conmigo, no queda lejos. Te podré dar un poco de dinero".

Para su sorpresa, la joven, que se llamaba Rajin, le contestó en inglés. Le dijo que había pasado su niñez en un orfanato del lugar hasta que la adoptó una pareja de inmigrantes ingleses que habían ido a radicar en Bombay en la década de 1960. Ellos le enseñaron a hablar inglés y también música y cultura europea, y la trataron con amor y calidez. Sin embargo, ambos habían muerto con una diferencia de seis meses, a causa de una enfermedad extraña, y ella quedó desamparada.

Rajin fue con Michel a su casa. Él le dio comida y un poco de dinero, y le pidió que regresara al día siguiente para tratar de encontrarle trabajo. Cuando se presentó en su casa al día siguiente, se veía completamente diferente. Llevaba un traje usado pero limpio, con mucho cuidado se había recogido hacia atrás su pelo negro y largo, y parecía europea en todo, excepto por su piel oscura. Sonó el teléfono. Era la mamá de Michel que deseaba saber si estaba bien y para notificarle del nacimiento de su primer nieto, el hijo de su hermana mayor. Conversaron en flamenco y cuando terminó, Rajin le dijo "Felicidades" en flamenco. Ambos se quedaron sorprendidos. Michel le dijo "no sabía que hablabas flamenco. "Yo tampoco", fue su respuesta.

Resultó que Rajin también sabía leer documentos en flamenco mucho antes de que alguien se tomara la molestia de enseñarle el idioma de manera metódica. También podía describir lugares que nunca en su vida había visitado. Por ejemplo, podía describir la iglesia que Michel solía visitar cuando era niño, las castañas que los ancianos vendían durante el invierno, los puestos que se arrastraban sobre una sola rueda. Hasta podía describir el único manuscrito de la ley que existía en la región y que estaba en la casa de los padres de Michel, y que servía como punto central para los judíos de toda la región durante las grandes festividades.

El tesoro de la cueva

Moshe tenía sólo 12 años, pero comprendió lo que estaba por suceder. Todos iban a morir. Su padre estaba de pie y afilaba el cuchillo de trinchar, ese cuchillo filoso que acostumbraba usar para matar los pollos, aunque ya no quedaba ni un solo pollo vivo. Su madre, bastante molesta, había estado caminando de arriba para abajo desde temprano en la mañana. No sabía lo que estaba por suceder, pero el ambiente estaba muy pesado. Algo terrible se vislumbraba y todos lo sentían. Los centinelas estaban de pie y constantemente observaban a los soldados romanos que se esforzaban por avanzar hacia Masada. Era cuestión de un día. No más. Nadie en realidad tenía la intención de caer en el cautiverio de los romanos infames. La muerte era evidente.

Moshe empezó a correr de manera frenética a la casa de Abraham, su mejor amigo. "Estoy huyendo", le dijo con voz temblorosa. Moshe le contó a Abraham su sospecha de lo que estaba por suceder. Abraham, que tenía sólo 13 años, se soltó llorando como un niño. Después de unos cuantos minutos de titubeo, aceptó. Cuando cayó la noche, los dos muchachos se deslizaron por una cuerda por la parte exterior de la pared. Empezaron a correr de manera desenfrenada con el fin de poder alejarse lo más pronto posible. Los soldados romanos, embriagados con una victoria prematura, no advirtieron las dos siluetas que escapaban en la oscuridad de la noche. Por la mañana, cuando los primeros soldados llegaron a la fortaleza de Masada, los recibió un silencio espectral. Todos habían muerto. Moshe y Abraham continuaron su huida durante la noche. Cuando empezaba a amanecer, vieron una cueva a un lado de una montaña. Se treparon por el risco y entraron con dificultad por la pequeña apertura. Aunque temblaban de frío, estaban aterrados y muy afligidos por sus familias, se quedaron profundamente dormidos. Cuando despertaron más tarde ese mismo día, descubrieron tres vasijas de barro cerca de la pared que daba hacia el este de la cueva. La primera contenía víveres. Las otras dos contenían monedas de oro y unos rollos de pergamino. Abraham y Moshe rodaron las vasijas hasta el fondo de la cueva. También colocaron un montón de piedras sobre las vasijas y alrededor de ellas para que nadie las pudiera encontrar. Se hicieron un juramento mutuo que regresarían cuando ya se hubieran establecido. Su esperanza era poder llegar a la región de Jerusalén e ir a uno de los pequeños poblados en los que los romanos no tuvieran el menor interés.

Fue cuestión de mala suerte. Unas horas después de que salieron de la cueva, se toparon con un pastor quien les ofreció un poco de comida y agua. Estaban llenos de esperanza, pero resultó que su gozo fue prematuro. Hacia el atardecer de ese mismo día se encontraron con un grupo de soldados de la legión romana. La muerte llegó demasiado pronto para los dos jovencitos. Murieron mientras pronunciaban las palabras "Escucha oh Israel"...

"Escucha oh Israel, el Señor nuestro Dios, el Señor es uno" ... susurró David al finalizar sus oraciones matutinas. Ni siquiera aquí, dentro de los muros del ghetto de Varsovia, había abandonado la costumbre que había adoptado cuando cumplió 13 años y celebró su Mitzvah. La oración matutina le daba fortaleza en los días buenos y en especial en los días difíciles. Ese día oscuro, irrumpió en la oficina del oficial de la Gestapo y solicitó hablar en privado con él.

El hombre de pelo rubio y glaciales ojos azules miró al joven judío que estaba de rodillas. Le suplicó que perdonara la vida de su bebé y de su esposa Hannah. "Tengo mucho dinero", le dijo al oficial...

Wilhelm Schultz reconoció a Hannah, la esposa del suplicante joven judío. No era posible no fijarse en ella. A pesar de las condiciones tan duras, ella sobresalía. Era la mujer más hermosa del ghetto, con pelo largo y negro y unos enormes ojos verdes. Aunque no tenía más de 20 años, hablaba, no obstante, tres idiomas, lo que le había ayudado a conseguir trabajo en las oficinas del ghetto. Después de que Schultz escuchó a David, aceptó un trato. Perdonaría la vida de Hannah y de su hijo.

Un mes después, a David se le envió a la cámara de gas. Estaba en paz cuando murió. Aunque no estaba seguro al ciento por ciento de que el nazi cumpliría su promesa, sabía, que por lo menos durante un tiempo, las vidas de las personas que amaba sobre todas las cosas, estaban a salvo.

Schultz se llevó a Hannah a su casa, con el pretexto de que ayudara a su esposa que estaba enferma. Hannah, por supuesto, se llevó a su hijo Moshe con ella. Durante el día mantenía atado a su espalda al bebé de un año. Al atardecer, se encerraba con él en el diminuto cuarto que se le dio y se dormía temprano. Una noche, escuchó que alguien tocaba a la puerta. Schultz entró en el cuarto en su uniforme y sus botas negras lodosas. "Lo siento mucho, su esposo está muerto", le dijo. Y después, para su asombro, sacó una manzana roja de su bolsillo y se la dio, sin decir una sola palabra. Hannah agarró la manzana. Schultz retrocedió y salió del cuarto.

En 1958, el criminal de guerra nazi, Wilhelm Schultz, llegó a Israel. Había vivido en Colombia bajo un nombre falso desde el final de la Segunda Guerra Mundial. Llegó acompañado de su esposa Hannah y de su hijo Morgan Schultz. Nadie más además de "sus padres" sabían que Morgan era de hecho el pequeño Moshe a quien habían liberado en el ghetto de Varsovia, gracias a un papel y a un paquete lleno de monedas de oro que su padre le había entregado al oficial de la Gestapo. La primera esposa de Wilhelm y sus tres hijos habían muerto en una explosión en su propio automóvil. La bomba iba dirigida para el mismo Schultz, pero intervino la mano del destino para que, en ese día en lo particular, enviara a su chofer en ese viaje fatídico. Hannah y el pequeño Moshe lo esperaron en la casa grande después del funeral. Poco a poco, Hannah empezó a descubrir el lado humano de Schultz. Desde hacía mucho tiempo había estado enamorado de ella. Pasaron otros cuatro meses, y una noche Schultz, Hannah y el pequeño Moshe huyeron a Austria. Desde allí, el camino hacia Sudamérica estaba abierto.

Durante una ceremonia modesta, Hannah y Schultz contrajeron matrimonio. Vivieron una vida sencilla y tranquila, aceptaron el destino tan cruel que aparentemente los había unido para que pudieran terminar algo que había quedado inconcluso desde hacía mucho tiempo en el pasado...

Cuando Hannah contrajo cáncer, Schultz decidió emigrar a Israel. El tratamiento médico fue sólo un pretexto. Sabía que tenía que encontrar una explicación. Después de que se establecieron en un departamento pequeño que quedaba cerca del hospital, decidió aplicarse con vigor a abordar la razón por la que había ido a Israel.

Rentó un automóvil y lo cargó con suficiente equipo para que él y su hijo Morgan pudieran pasar una semana en el desierto de Judea. No fue sino hasta que llegaron armados con mapas a su destino, que sacó el pedazo de papel todo arrugado que había guardado durante veinte años. Lo abrió con manos temblorosas. Ahí, frente a la hoguera, le confió por primera vez a Morgan, el secreto de que David, el verdadero padre de Moshe, se lo había confiado. La nota, que había pasado de generación en generación, contenía un antiguo mapa del desierto de Judea y tenía unas marcas muy extrañas. Schultz también sacó la única moneda restante —una moneda de oro que tenía la efigie de un emperador.

Al final del quinto día, Schultz y Morgan llegaron a la cueva... Morgan sabía exactamente en dónde buscar. Fue directo al montón de piedras y empezó a desmontarlas. Un golpe del martillo... y un raudal de monedas de oro con la efigie del emperador, se esparció por todo el suelo con un sonido apagado.

Hannah murió al final de ese mismo año, no sin antes saber que su hijo Morgan había encontrado el tesoro perdido del que David, su primer esposo, le había contado hacía ya muchos años, durante aquellas noches largas y frías. Ella siempre había pensado que era una leyenda, el tipo de leyenda que existe en toda familia. Resultó ser que la verdad era más insólita que la ficción. Morgan y Schultz habían realmente encontrado un tesoro asombroso.

Morgan cuidó a su padre adoptivo hasta el día en que murió. Hasta se tomó la molestia de hospedarlo en una casa de descanso para personas alemanas. En ese lugar, Schultz se sentaba y escuchaba los relatos de los sobrevivientes del Holocausto, algunos de ellos habían estado en campos de concentración, en la misma época en la que él trabajó ahí, pero afortunadamente, no lo reconocieron.

Morgan se convirtió en un joven muy rico. Como resultado del evento tan dramático que tuvo lugar en su vida a la edad de 19 años, decidió estudiar arqueología e historia judía. En la actualidad es catedrático en una de las universidades de Israel. Su pasatiempo favorito es el tema de la reencarnación.

El taoísmo

Antes de los cambios revolucionarios sociales y políticos que se llevaron a cabo en China en años recientes, podríamos decir que todos los chinos tenían un sombrero igual al de Confucio, una prenda de vestir semejante a la de un taoísta, y unas sandalias como las de Buda. Muchos chinos adoptaban las tres religiones, lo que les complicó la vida a los investigadores que trataban de clasificar los diferentes grupos religiosos del Oriente.

Aunque Confucio no enseñaba el tema de la reencarnación y de la vida eterna, tampoco la negaba. Se concentró en el aspecto social e ignoró el místico. Su misión era clara: les enseñó a las masas cómo comportarse y mostró un gran respeto por Lao-Tze, a quien se le consideraba el fundador del taoísmo.

A la edad de 35 años, Confucio viajó para conocer a aquel hombre venerable, quien entonces tenía 88 años. Después de reunirse con él, Confucio se sintió tan inquieto y tan estimulado que definió su sentimiento de la siguiente manera: "Vi a un dragón".

Lao-Tze apareció en la esfera mundial en la época de Buda, Pitágoras, Ezequiel e Isaías. La historia de su vida incluye leyendas que son características de los héroes y de los grandes maestros que surgieron de entre la humanidad durante el curso de la historia. Como en el caso de Jesús y Buda, consideraban su nacimiento como un milagro, porque, según algunas fuentes, su madre era virgen. En un esfuerzo por simbolizar su gran sabiduría, había personas que decían que había salido del vientre de su madre con el rostro envuelto en una barba blanca.

Otro mito relacionado con su experiencia externa eran sus orejas grandes. Dentro de este contexto, es interesante mencionar que la mayoría de las esculturas de Buda también lo representan con orejas grandes. Esto puede indicar una gran capacidad para escuchar al "Yo íntimo" o a "la voz del silencio".

Lao-Tze es famoso y valorado por su libro, *The Tao of the I-Ching*. Este libro se ha considerado como la obra de un genio, desde el tiempo del emperador Ti, de la dinastía Han, y previo al nacimiento de Jesús. El contenido del libro se define, entre otras cosas, como "una descripción de un método trascendental y de una filosofía". El tema de la vida eterna sólo se menciona como una alusión respecto al regreso de las personas al universo en intervalos regulares. La reencarnación se menciona, de manera más clara, en una redacción y revisión que hizo Chong-Tzu, uno de sus discípulos. Lao-Tze mismo, según la tradición taoísta, perteneció a esta corriente religiosa en sus encarnaciones previas: como el rey Kwang Chang Tze durante la época del emperador Amarillo, y como Po-Chang durante la época de Yao.

La siguiente es una cita que viene de una traducción de *The Tao of the I-Ching*:

"Hay algo que existió incluso antes del paraíso y de la tierra. Ese algo es silencioso, se queda en pie ante sí mismo sin cambiar, llega a todos los lugares, es eterno. No sé su nombre. Para poder definirlo, lo llamaré Tao. Esto es algo que es difícil de definir, algo a lo que todas las cosas regresan. No es algo visible, audible o perceptible, y no tiene fronteras. Es infinito. El Tao crea todas las cosas, las nutre. Su naturaleza les da forma, su fuerza las perfecciona. El que puede expresarse no es el Tao eterno. Sin tener nombre, es el principio del paraíso y de la tierra. Cuando se le asigna un nombre, se convierte en 'la madre de todo ser viviente sobre la Tierra'.

"Todas las cosas en la naturaleza trabajan de manera silenciosa. Son creadas, pero en realidad, nada les pertenece

"Ellas cumplen con sus funciones, sin exigir nada. Cuando el objetivo se ha cumplido, no se adueñan de la gloria para ti, ya que si tú no lo haces, nunca podrán separarse de ti. Aquel que es modesto permanecerá indemne. Aquel que se encorva se enderezará. El vacío se llenará. El que está cansado se renovará. Aquel que está consciente de su propia luz, y está preparado para salir de lo ordinario, utilizará su luz interior para poder regresar a su brillo original. El camino amplio es tranquilo".

Un precipicio en China

Esa tarde había una neblina muy densa en el camino sinuoso de la montaña. Weng Kiangi, quien tenía 18 años, elegantemente vestida como convenía a su rango, iba sentada en un carruaje tirado por dos caballos blancos. El carruaje reverberaba por el camino inclinado entre Shangai y Jiantzu. El cochero se sostenía con fuerza de las riendas mientras los caballos trataban de encontrar el camino en la luz que menguaba. En una de las curvas sucedió lo inevitable. El carruaje se precipitó en un profundo abismo. Durante unos minutos, se escuchó el sonido fuerte y escalofriante de los gritos de dolor que emitían el hombre y las bestias, y después reinó una vez más el silencio...

Ciento diez años después, el doctor Jang Yan viajaba por exactamente la misma carretera. Iba rumbo a Jiantzu para visitar a sus padres ya entrados en años; manejaba con precaución su Mercedes plateado, y chiflaba para sí mismo una tonada tranquila. Yan estaba muy satisfecho con la vida, y tenía toda la razón del mundo para estar complacido. A sus 35 años era famoso, como médico, en todo su país, y además era muy rico. Dos veces al año solía visitar a los miembros de su familia que se habían quedado en el pueblo. Nunca olvidó su lugar de origen y siempre se aseguraba de llevarles regalos y hacerlos felices.

Después de manejar durante varias horas por el camino montañoso y sinuoso, Yan sintió que la fatiga se estaba apoderando de él y empezaba a controlarlo. Recordó que la noche anterior había trabajado mucho y sólo había dormido unas dos horas. El número de mujeres que dieron a luz rompieron el récord: ocho partos uno tras otro. Le daba vueltas a la idea de tal vez detenerse y descansar a la orilla de la carretera, cuando de repente se escuchó un ruido muy fuerte. Un pájaro grande se había estrellado en el parabrisas del automóvil. En el sobresalto, Yan trató de pisar con fuerza el pedal del freno, pero en su lugar pisó, sin querer, el acelerador. El lujoso automóvil giró de manera abrupta y sólo se detuvo después de chocar con una enorme roca que estaba a la orilla de la carretera. Yan salió disparado y cayó a unos 20 metros del sitio en donde quedó el automóvil. Quedó tirado en el suelo, y de inmediato empezó a perder mucha sangre por el golpe que recibió en la cabeza.

Yan corrió con suerte, pues alguien, aparentemente, lo estaba protegiendo. Unos minutos después, otro automóvil se aproximó y se detuvo al ver el carro de Yan destrozado y bloqueando el camino. Dos hombres y dos jovencitas bajaron de prisa del vehículo comercial. Con mucho cuidado, levantaron el cuerpo de Yan, lo colocaron en el piso del carro y empezaron a manejar con rapidez hasta el pueblo más cercano. Llamaron al médico del pueblo, Kwan Chen, quien ya se había acostado y les recomendó que llevaran al herido al hospital, en donde podría recibir el cuidado adecuado. Más noche llegó una ambulancia del Hospital Municipal de Shangai para recoger al doctor, a quien, todos en la ciudad, apreciaban y admiraban. A muchos miembros del personal médico se les salieron las lágrimas cuando la ambulancia llevó a Yan y lo instaló en la unidad de cuidados intensivos.

El doctor Yang estuvo en estado de coma durante cuatro meses. Se llamó a sus parientes para que estuvieran cerca de él, trataban de hablarle y de manera constante le ponían las canciones favoritas de su infancia, pero de nada servía. Una mañana, sin esperarlo, mientras su madre, ya entrada en años y muy cansada, estaba sentada junto a su cama, de repente, Yan abrió los ojos y dijo: "Weng Kiangi". Su madre, emocionada, llamó al médico que estaba de guardia y a la familia que estaba en el cuarto contiguo. Nadie supo con exactitud lo que Yan quiso decir. No dijo nada más. Fue un encargado de limpieza, ya grande, que en cierto momento había entrado al cuarto para hacer la limpieza, el que tuvo una respuesta. Según él, existía una leyenda relacionada con Weng Kiangi, una joven muy hermosa que había muerto en un terrible accidente de carretera cuando iba de Shangai a Jiangtzu.

En unos cuantos días, el estado de Yan mejoró más de lo esperado. Volvió a ser él mismo casi por completo, y empezó a hablar y a comer. Después de tres meses de diversos tratamientos, se recuperó. El único problema que le quedó era que no sentía su pie derecho. Durante mucho tiempo, volvía a recordar en sueños, el nombre de Weng Kiangi, y cuando estaba despierto, escuchaba la voz de una joven que lo llamaba...

Yan decidió pedir ayuda a una médium famosa para poder descubrir lo que aquello significaba. Lo que salió a luz, no le sorprendió en lo absoluto. La médium recomendó hacer algunas investigaciones, las cuales revelaron, sin lugar a dudas, que el chofer que llevó a la muerte a Weng Kiangi era un pariente de Yan. También resultó que después de la muerte de la joven, su madre, desconsolada, se había ahorcado y su padre se suicidó al ingerir veneno. El resto de los niños pequeños fueron llevados a diversos orfanatos.

Después de que todos estos hechos salieron a la luz, Yan supo exactamente lo que tenía que hacer. Pasó varios días tratando de localizar a la familia de Weng Kiangi en uno de los barrios pobres de Shangai. Cuando por fin llegó en el nuevo automóvil negro que había comprado, toda la gente del pueblo se impresionó al ver a un hombre rico e importante en ese lugar. Los miembros de la familia de Weng Kiangi se asombraron al escuchar que el médico principal del hospital había decidido protegerlos y proporcionarles todo lo que necesitaran. La primera suma de dinero que les dio se utilizó para remodelar la modesta casa que pertenecía a los parientes de Weng Kiangi. La segunda cantidad de dinero, que era mayor que la primera, se utilizó para abrir una pequeña tienda de abarrotes.

Dos meses después, Yan llevó a un equipo especial al camino montañoso. Con la ayuda de una grúa, sacaron del barranco los restos de Weng Kiangi y del chofer y los sepultaron con honores en un cementerio de Shangai. Ese mismo día, después del entierro, Yan recobró la sensación en su pie derecho. Había cerrado el círculo.

De regreso a Japón

Sakuri Ya era la hija mayor de una familia rica e importante de un pequeño pueblo que se encontraba al pie del amenazante Fuji Yama, la montaña más alta del Japón. Desde joven, resultaba obvio que ella era diferente a las otras niñas. Mientras que las otras estaban pegadas a las faldas de la mamá, ella prefería pasar el tiempo al aire libre, se sentaba en silencio frente al cerezo en flor o a observar el Fuji Yama con su pico eternamente nevado. Cuando Sakuri Ya cumplió 18 años, era evidente que ella no se iba a independizar y tener una familia. Anunció que quería ser *miko*, maestra y médico espiritual. Su madre se pasó la noche llorando. Sabía que su hija llevaría una vida difícil y solitaria, privada de hijos que constituyen la esencia de la existencia de una mujer japonesa.

Después de una noche sin dormir, Ya y su madre se levantaron temprano por la mañana. Las dos empacaron un poco de ropa en una maleta pequeña y Ya se fue caminando por la vereda nevada hasta la colina que quedaba a las orillas del pueblo.

Durante una semana, se sometió a una serie de rituales que incluían, baños de agua helada que caían sobre su cuerpo desnudo, oración, y contemplación de la naturaleza.

Después de siete días, regresó pálida y famélica a la casa de sus padres. Había pasado todas las pruebas y se había convertido en el "*miko*" oficial del pueblo.

Durante muchos años, Sakuri Ya curaba a los enfermos del pueblo y llevaba a cabo rituales secretos durante los cuales los espíritus del pasado se aparecían y relataban sus historias... Ella escribía todo con fluidez en un cuaderno grande y negro en el que, además de las recetas de medicamentos y brebajes secretos, también escribió una profecía: "Llegará el día en que un hombre blanco de cabello rubio bajará de la montaña. El forastero se convertirá en un *miko* para ustedes..."

Después de la muerte de Ya, el cuaderno grande y negro pasó de una generación de *miko* a la siguiente, dentro de una caja de madera en la que también estaban guardadas hierbas medicinales y varios amuletos. Trescientos años después se cumplió la profecía de Sakuri Ya.

Micha Sharir de Estados Unidos llegó al pueblo que estaba en las faldas del monte Fuji Yama. Él había nacido en un pequeño asentamiento agrícola en el desierto. El único recuerdo de su niñez eran las colinas doradas que se extendían hasta el horizonte, los vientos polvorientos y el pequeño taller de su padre, quien era herrero. Inga, la madre de Micha, era profesora de música y le fue muy difícil encontrar trabajo en las inmediaciones, así que viajaba a la ciudad dos veces a la semana y se quedaba en la casa de una amiga.

Micha era un niño retraído al que no le prestaban atención, ni sus padres ni su hermano, quien era militar y venía a casa de vez en cuando, así que Micha empezó a ocupar la mayor parte de su tiempo pintando. Cuando tenía seis años, empezó a pintar montañas de todos tamaños y formas. Sin embargo, lo que todas tenían en común era la cima nevada.

Fue sólo hasta algunos años después, cuando los cajones de su habitación rebosaban de bosquejos, que sus padres descubrieron que el niño era sumamente dotado. De inmediato lo inscribieron en una clase de arte, y después, cuando entró a la escuela media superior, lógicamente se especializó en arte. Más adelante, cuando entró a la Escuela Superior de Arte, continuó pintando paisajes encantados, montañas nevadas y cerezos en flor. Nadie se explicaba cómo un niño que había crecido en una región árida, podía haber obtenido la inspiración para sus cuadros.

Después de que se graduó en la universidad, con honores, Micha quiso hacer un viaje al Lejano Oriente.

Una mañana brillante de primavera, el Boeing aterrizó en el aeropuerto de Osaka. Micha tomó un taxi sin saber a dónde quería ir. Deseaba hacer un recorrido antes de registrarse en un hotel. El chofer le sugirió que fueran a un pequeño pueblo cerca de Nomazu. Cuando llegaron al lugar, la madre del conductor del taxi, que era una mujer de edad avanzada, los invitó a disfrutar de una comida típica japonesa.

Mientras estaba sentado en el piso, sobre un tapete cerca de una ventana abierta, Micha se dio cuenta que estaba mirando el paisaje que había pintado toda su vida. Precisamente frente a él, como por arte de magia, a través de un sutil velo de neblina, el monte Fuji Yama, con su pico nevado, lo miraba fijamente en todo su esplendor. Después de comer, Micha les preguntó si podría rentar una habitación en ese pueblo encantador para poder pasar unos días ahí. Ella se le quedó viendo con una mirada penetrante y le susurró algo a su hijo, el conductor del taxi. Este último, hizo una reverencia respetuosa y salió apresuradamente. Una hora más tarde, regresó con una anciana que se apoyaba en un bastón. Llevaba bajo su brazo una caja de madera tallada que estaba decorada con signos dorados. Con manos temblorosas se la entregó a Micha...

Micha se quedó en el pueblo. Según la explicación que le dio su nuevo amigo, el conductor del taxi, entendió que, aparentemente, era la persona que Sakuri Ya, el *miko* del pueblo, había esperado durante 300 años. Micha les envió una carta muy sencilla a sus padres que estaban en el pequeño asentamiento, y les anunció que no regresaría. No tenía caso que les explicara nada más. Unos meses después, Micha empezó a hablar el dialecto de la región. De inmediato, la gente del pueblo le empezó a llamar *miko*. Él era uno de ellos y todos lo sabían.

Pollo fresco

Desde muy temprana edad, Gila detestaba comer carne. La cocina del pequeño departamento era diminuta y estaba amontonada, el olor a comida sobre la mesa le daba náuseas. Ocasionalmente, la mamá de Gila le permitía comer en su habitación mientras leía.

Todo empezó un día cuando el padre de Gila llevó unos pollos del mercado y su madre los empezó a preparar. El olor de los pollos muertos y las plumas quemadas era repugnante y nauseabundo. La flama de la estufa se volvía azul. Sin ninguna razón aparente, a Gila, quien sólo tenía seis años, tuvo un ataque de llanto seguido de una ola de vómitos que le duraron toda la noche. Al día siguiente, se despertó con un salpullido abrasador en todo su cuerpo. La madre, muy asustada, la sentó en una tina grande y le lavó su cuerpecito con agua de hojas de kali (barrilla —planta medicinal de la región mediterránea y Asia Central).

Unas horas más tarde, al ver que no mejoraba su situación, se fueron todos en busca del médico familiar. El doctor Weiner revisó a la niña, quien tenía los ojos inflamados de tanto llorar, escuchó lo que había sucedido y le prescribió una pomada blanca que tenía un olor muy fuerte. La erupción desapareció. El papá nunca más llevó pollos frescos del mercado.

Transcurrieron ocho años. Cuando la niña cumplió 14 años, en la escuela empezó a estudiar la historia de la Inquisición española. El desagrado que sentía, cambió por un sentimiento de pánico cuando se empezaron a acumular los detalles. Los relatos de las torturas que se infligían... Gila dejó de participar en la clase, no hacía la tareas y despertaba gritando durante la noche.

Sus padres, muy afligidos, consultaron al doctor Yehuda Fogel, quien era muy famoso como "psiquiatra con alma" y se especializaba en niños. El médico, de edad avanzada, tenía barba blanca y un mechón de pelo sobre la frente. Su cuarto despedía un olor agradable a tabaco, y las paredes estaban llenas de estantes pletóricos de libros. Después de una conversación introductoria, el doctor Fogel les sugirió, a ella y a sus padres, que se sometieran a hipnosis para poder discernir el significado de sus sueños y de las pesadillas que había tenido, de manera constante, durante varias semanas. Después de 20 sesiones, el médico llamó a Gila y a sus padres. Se notaba seriedad en su rostro cuando les explicó que la grabación que tenía en sus manos contenía las palabras que Gila había dicho mientras estaba bajo el efecto de la hipnosis. Sugirió que todos la escucharan, aunque era bastante desagradable. "Sólo hasta que comprendan la razón podrá emprender el camino a la recuperación..."

Las palabras se repetían una y otra vez. No podía darse un error. "Estoy caminando en un campo abierto, con un vestido largo negro, descalza y aterrada. Cinco sacerdotes me vienen siguiendo y no sé por qué. Están vestidos con unas túnicas largas con un cordón amarrado en la cintura. Del pecho de cada sacerdote cuelga una cadena gruesa de la que pende una cruz grande. A pesar de la oscuridad, puedo distinguir el camino. Hay luna llena y alumbra el sendero que lleva al cementerio. Entre jadeos y palpitaciones, llego al cementerio, tratando de entender la razón por la que huyo y quiénes son los que me persiguen. Limpio con la mano el sudor que me cae sobre los ojos, empujo mi pelo largo hacia atrás y corro más aprisa. De nada sirven mis esfuerzos. Poco a poco siento que mis fuerzas disminuyen. Ya no me falta mucho. Un minuto más y después otro minuto, de repente sale una mano y me agarra del hombro. Escucho que respiran con mucha fuerza. Durante un instante, el corazón me deja de latir. Cuando el sacerdote obeso que porta la cruz, me tira en el suelo frío, comprendo que ha llegado mi fin. Termina la cacería. Sin embargo, para ellos, la diversión acababa de empezar".

Los padres de Gila estaban aturdidos. No fue fácil oír el resto de la grabación. Escucharon a su hija narrar la forma en que el primer sacerdote la arrastró entre los árboles, era alto y fuerte, de pelo oscuro y sus ojos destellaban de odio. Se inclinó hacia ella y pudo oler su sudor acedo. La sujetó en el suelo y la forzó a abrir las piernas. Ella gritó llena de angustia cuando la penetró. La acción se repitió con los otros sacerdotes. En ese momento, Gila perdió la conciencia y despertó al día siguiente en las celdas de la Inquisición, junto con otros que estaban por ser enviados a la hoguera para quemarlos vivos. En una celda pequeña y oscura, en la que las ratas y los ratones corrían con toda libertad, Gila esperó durante una semana, ofendida, lastimada, al borde de la locura. Después de que el supremo inquisidor firmó los documentos necesarios, en un solo día quemaron vivos en la hoguera a 200 judíos en la ciudad de

Valencia. Los gritos de los condenados se mezclaban con las masas que reían estrepitosamente mientras esperaban contemplar a los judíos que tanto odiaban, quemarse vivos. Lo último que Gila recordaba era el olor a carne quemada y el escalofriante dolor. Después, todo se oscureció.

Después de escuchar la grabación, pálidos y silenciosos, Gila y sus padres se quedaron sentados durante unos minutos que les parecieron interminables. No había mucho qué explicar. Lo que Gila vivió en su encarnación anterior había regresado y ahora la abrumaba cada vez que algo sucedía en su vida cotidiana, como un indicio que le recordara los percances del pasado.

Gila asistió a varias sesiones más con el doctor Fogel. Él le ayudó a asimilar todas las cosas que habían salido a la superficie. Aprendió a vivir con ellas. Sin embargo, aún ahora, años después de que todo aquello sucedió, en la celebración de Lag Be'Omer (festividad judía en la que se prenden fogatas), cuando el olor de la fogata impregna el aire, Gila sufre una crisis de ansiedad. Cierra las persianas y prende la radio a todo volumen.

Rojo oscuro

Frieda se detuvo y contempló el mar. Siempre se paraba en el mismo lugar y siempre llevaba puesto un vestido rojo. Entre las jóvenes que trabajaban en la calle, ella era una persona conocida y gozaba de popularidad. Era una prostituta y una dama. Se podía confiar en ella, solicitarle ayuda, y hasta pedirle dinero prestado. Sólo una vez se había mostrado agresiva. Sucedió cuando empezaba su carrera, cuando apareció en escena, y Jacko, el alcahuete que trataba blancas, trató de amenazarla y extorsionarla para sacarle dinero. Frieda sacó un cuchillo y se lo puso en el cuello con un movimiento rápido y hábil. Desde ese día nadie la volvió a molestar.

Un viernes, en el verano de 1982, el sol estaba muy alto en el firmamento. Hacía mucho calor. A Frieda la embargó una sensación de inquietud y depresión. Se quitó sus sandalias rojas de tacón y se fue descalza hasta la playa.

De pronto escuchó una voz conocida que le decía en inglés: "¿Quieres venir conmigo?" Volteó y se encontró con un rostro totalmente desconocido. El hombre, quien estaba parado enfrente de ella, tenía el pelo rubio y unos ojos azules muy penetrantes. Como si estuviera hipnotizada, lo siguió hasta el piso 17 de un hotel. Ahí, en una suite de lujo, el hombre ordenó servicio al cuarto.

Se sentaron durante una hora mientras que él le platicó que venía de un rancho muy grande en Texas. Le dijo que una noche había soñado que tenía que ir a ese lugar para encontrar a la persona que sería su esposa. Ese sueño tan extraño, dijo, se repitió varias veces, así que decidió intentarlo.

Frieda bajó por el elevador del hotel después de pasar dos días con el forastero. Ambos sentían que su encuentro había sido decretado de antemano. Esa misma tarde regresó con una maleta pequeña llena de ropa, y los dos se fueron a descansar a un hotel en donde nadie la conocía. Transcurrieron otros diez días, y los dos sabían que permanecerían juntos para siempre.

Tomaron un taxi blanco grande y fueron a la casa de los padres de Frieda, que vivían en un pueblo pequeño y descuidado que quedaba al sur del país. Dos horas después, se fueron directamente al aeropuerto y subieron al enorme jet jumbo que estaba por salir para Texas. Frieda y Tom llegaron a Texas en una noche cálida de verano. Ella de inmediato se sintió en casa, y hasta el paisaje le parecía conocido. Tuvieron una ceremonia matrimonial sencilla, y los parientes de Tom no podían ocultar su admiración por la hermosa mujer que Tom había llevado de regreso.

Transcurrieron dos años. Frieda y Tom se convirtieron en los padres de unos gemelitos que se llamaban Steve y John. Frieda y Tom eran felices. Su negocio de carne era próspero. Ella vivía un vida cómoda, pasaba la mayor parte de su tiempo libre con sus nuevas amistades. En su tercer año, Frieda y Tom se fueron de vacaciones a la casa de verano de la familia que quedaba en una zona en la que había un lago grande.

Un día en que Tom había ido a pescar y los gemelos estaban dormidos, Frieda fue a la extensa biblioteca y sacó un libro grande y pesado que, por alguna razón, le llamó la atención. De entre sus páginas salió una fotografía y un pedazo de papel amarillento. El corazón de Frieda dejó de palpitar durante un segundo. Observó la fotografía y se quedó atónita al descubrir que la mujer de la foto era exactamente igual a ella. Llevaba puesto un vestido de terciopelo rojo, y a su lado estaba un hombre alto y rubio que llevaba puesto un sombrero gris de ala ancha. Al reverso de la foto estaba escrito: Samantha y Andy McCartney. En el pedazo de papel, con la letra delicada de una joven, estaba escrito un poema dedicado al hombre que amaba y que la había salvado de desperdiciar su vida en el burdel de Berta.

Cuando Tom regresó en la tarde con una canasta llena de peces, Frieda corrió a mostrarle el tesoro que había encontrado. Tan pronto como regresaron a casa, Tom les mostró la fotografía y el poema a sus padres quienes se mostraron desconcertados, pues no podían darle ninguna información al respecto, excepto el hecho de que no había duda de que las personas de la foto debían ser sus parientes.

Después de otros tres meses de "trabajo de detective aficionado", Frieda tomó un avión a Nueva York, pues había hecho una cita con un reconocido hipnotizador, Michael Kewley. Después de que el hipnotizador escuchó el relato, le prometió descubrir lo que le fuera posible.

Al día siguiente, durante una segunda sesión, ya tenía un documento que confirmaba que las dos personas de la fotografía habían vivido hacía un siglo en un pequeño pueblo de Estados Unidos. En el transcurso de la sesión, se hizo patente el intrincado vínculo entre la foto de la antigua biblioteca, cuya existencia ya ni siquiera se recordaba, y su propia vida. Samantha McCartney era una joven alta e impresionante. Su pelo rubio brillaba y estaba arreglado en rizos sueltos, como era la moda de aquella época. Ella siempre usaba vestidos finos de terciopelo rojo, decorados con piedras brillantes. Se pintaba sus labios sensuales de color rojo brillante y siempre tenía cuidado de polvear su nariz respingada para que no brillara. No era de sorprender que Samantha se convirtiera en la cliente favorita del burdel de Berta. Su nombre era conocido por todo el oeste rural. La llamaban "la joven de rojo". Aunque cuatro años en ese trabajo es mucho tiempo, Samantha conservó su gracia y su inocencia, atributos que no eran característicos de una prostituta. Un día, cuando la temperatura en el exterior convirtió la calle en un horno, la puerta se abrió. En medio de una nube blanca de polvo estaba parado un hombre alto y guapo con ojos azules penetrantes. Como una víbora que hipnotiza a su presa, sus ojos serpenteaban por todas las jóvenes que yacían exhaustas en sus sofás. Samantha sabía que él la escogería antes de que siquiera levantara su mano, en la que llevaba un anillo de oro; y efectivamente, la señaló...

Subieron a su habitación e hicieron el amor durante una hora. La tuvo entre sus brazos hasta que amaneció. Al día siguiente, sin despedirse de nadie, Samantha empacó un pequeño bulto de ropa y los dos se fueron a caballo, por la colina, para nunca regresar.

El Dalai Lama decimocuarto

Entre los creyentes, cada Dalai Lama es una encarnación de su predecesor. Aseguran que "el Dalai Lama es una persona excepcional en todos los sentidos, extraordinaria y única en su género. Es sabio y culto, sin embargo, posee cualidades propias de los niños. Está contigo, y al mismo tiempo es desprendido. Despierta sentimientos de amor, y de manera paralela, algo más".

Se dice que el Dalai Lama actual, a la edad de dos años y medio, es la última reencarnación de la dinastía de los Dalai Lama. Entre otras cosas, se dice que se tiene un escrito con la secuencia de los sucesos que el Dalai Lama anterior tuvo en una visión, en la que vio tres letras, un monasterio con un techo verde y dorado, y una casa con piso hecho de mosaicos de turquesa.

En un lugar seguro, se guardó un escrito con la descripción exacta de esa visión. Unos sabios tibetanos viajaron por toda la región con el fin de encontrar al niño que se suponía que era la reencarnación del Dalai Lama. Cuando llegaron a un pueblo llamado Takaster, en la provincia de Amdu, ubicado en la parte noroeste del Tíbet, encontraron al heredero en una casa, contigua a un monasterio y que tenía el piso de mosaicos de turquesa.

Por supuesto que la prueba verdadera era constatar si el niño podía reconocer y recordar a diferentes personas que estuvieron vinculadas a su vida anterior. Para este fin, el líder del grupo de sabios se vistió como un simple siervo y entró en la casa con el piso de turquesa.

Los padres del niño, quienes no sospechaban nada, los invitaron a pasar a la cocina, en donde el niño de dos años estaba jugando. El sabio de mayor rango llevaba puesta una cadena alrededor del cuello que pertenecía al Dalai Lama decimotercero. El niño de inmediato se lo pidió.

El hombre se quedó estupefacto, pero se mantuvo alerta y le dijo al niño que le daría la cadena si sabía su nombre. De inmediato, el niño contestó: "Saraga", que significaba en el dialecto del lugar, "Lama del Monasterio de Balasa". Acto seguido, seleccionó, de entre varios objetos algunas cosas personales que habían pertenecido al Dalai Lama.

El novelista estadunidense, Jack London (1876-1916), estaba sumamente interesado en la reencarnación, y algunas de sus novelas están saturadas de sus puntos de vista sobre el tema. Una de ellas es *The Star Rover.*

Toda mi vida he tenido conciencia de otros tiempos y lugares. Me he dado cuenta de que existieron otras personas en mí. (...) Yo, cuyos labios jamás balbucearon la palabra "rey," recordé que en una ocasión fui el hijo de un rey. Lo que es más, me acordé de que alguna vez fui esclavo, hijo de un esclavo, y que llevaba un collar de hierro alrededor del cuello.

Yo, como cualquier hombre, soy una expansión. No empecé cuando nací, ni cuando me engendraron. He estado creciendo, desarrollándome, a través de miríadas incalculables de milenios. Todas las experiencias de todas estas vidas, se han ido a la creación de un elemento que integra el alma o a la parte componente del espíritu que es mi Yo. (...) Soy un hombre nacido de una mujer. Mis días son contados, pero el elemento que me plasma es indestructible. He sido mujer nacida de mujer. He sido mujer y he engendrado a mis hijos. Y naceré de nuevo. Oh, cuán incalculables son las veces que naceré de nuevo; sin embargo, los bobalicones que me rodean creen que apretándome el cuello dejaré de existir.

J. London, *The Star Rover.*

A la orilla de un río

Corona Adams vivía sola en un pequeño departamento, estilo estudio, en Oregón, en Estados Unidos. Cuando tenía 28 años, estaba soltera y se sentía muy sola, deseaba huir de todo y de todos. Su trabajo de maestra de escuela la aburría, estaba cansada de sus padres ya entrados en años, y de sus vecinos, que eran ruidosos...

Impaciente, hojeaba las páginas del periódico y movía sus ojos de un lado a otro. De repente se percató de un pequeño anuncio:

"Se solicita un maestro de inglés para trabajar en un barco..."

Después de cuatro semanas, Corona estaba a bordo de un enorme barco de la marina que navegaba hacia la isla de Diego García. Antes de que le informaran que la isla se localizaba un poco al sur del ecuador, en el corazón del océano Índico, jamás había escuchado nada acerca de ese lugar. Su función consistía en quedarse durante seis meses en la isla con los militares y darles lecciones de inglés que los hicieran progresar. Todo sucedió muy rápido, pero por primera vez en muchos años, Corona sintió que la decisión que había tomado de manera tan apresurada era, en un ciento por ciento, adecuada para ella.

Cuando llegaron a la isla, se quedó asombrada de las severas condiciones climáticas que reflejaban temperaturas muy altas, pero al mismo tiempo, no podía negar el fuerte sentimiento de *dejà vu* (ilusión de haber experimentado una situación que en realidad se presenta por primera vez). Sentía que conocía cada recoveco, cada árbol, cada curva de la costa. Por las noches, cuando no lograba conciliar el sueño, salía a caminar en las playas oscuras y a escuchar el murmullo de las olas que rompían en la playa. Pasaba la mayor parte del tiempo con Zina Clinton, la secretaria del capitán y la única mujer estadunidense que viajaba en el barco. Una tarde, mientras le contaba a Zina sus sensaciones respecto a la isla, se sorprendió al ver que el rostro de su amiga tomaba un aire de seriedad. "Siento lo mismo", le confesó. "Como si hubiera vivido aquí alguna vez".

En su primer día libre, se pusieron pantalones y blusas informales y se equiparon con algunas herramientas: un cuchillo grande, dos zapapicos, un martillo, agua, y unos cuantos víveres. Salieron del barco en un bote de remos lo dejaron en la playa, atado a un árbol y se abrieron camino entre la espesa selva tropical. Después de un recorrido fatigoso de cerca de cuatro horas entre los chillidos de los changos, los mosquitos gigantescos y las mariposas, llegaron a la orilla de un río.

Corona Adams se sentó en una enorme piedra. Zina se quedó paralizada durante un momento, señaló hacia la piedra con mano temblorosa, y dijo: "Éste es lugar".

Uniendo sus esfuerzos, las dos jóvenes se las arreglaron para rodar la pesada piedra hacia un lado. Empezaron a cavar como gente poseída, golpearon la tierra húmeda con los zapapicos e hicieron a un lado los gusanos negros que salían de los terrones de lodo.

Después de lo que pareció una eternidad, sacaron del hoyo que habían cavado, una vieja caja de madera ya podrida. La cerradura oxidada se abrió de un golpe. A través del moho y unos retazos de tela de seda, vieron, dentro de la caja, una enorme pila de monedas de oro. Corona y Zina se repartieron el botín a partes iguales.

Llenaron sus mochilas con las monedas de oro y emprendieron el regreso al bote de remos, a través de la jungla, y de ahí hasta el barco. Después de seis meses, regresaron a Estados Unidos y durante muchos años se mantuvieron en contacto.

Para 1990, Corona y Zina ya habían enviudado. Sus hijos ya habían crecido, y decidieron pasar juntas el resto de sus días. Ingresaron a una casa de descanso de mucho prestigio en Beverly Hills, en donde le platicaban a cualquiera que quisiera escucharlas, una historia fantástica del tesoro que las había esperado tanto tiempo en la selva tropical de Diego García.

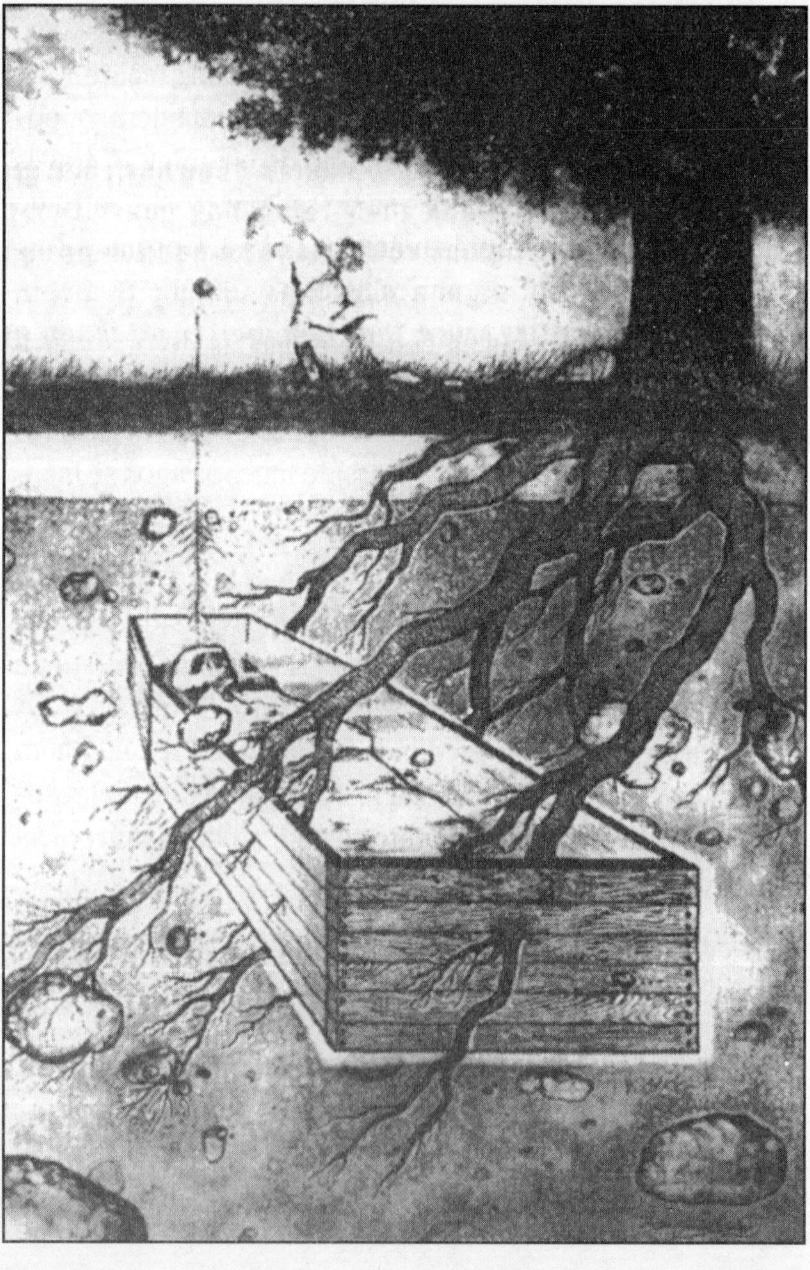

Un viaje a Mongolia

Kirk Grainer era uno de los cinco científicos que fueron al desierto de Gobi, en Mongolia, en 1922. El grupo se había fijado la meta de encontrar fósiles. Entre los participantes estaba Yvette Andrews, la novia de Kirk.

La caravana de camellos avanzaba lentamente, el primer excursionista llevaba la bandera estadunidense suspendida de un mástil largo y delgado.

Cuando llegaron a la población de Orga, descubrieron que los habitantes estaban celebrando un festival budista. Yvette y Kirk no eran los únicos a los que les causaban asombro las celebraciones. La enorme cantidad de campanas, el colorido de los atuendos y la música monótona, por alguna razón les era muy familiar, aunque ésta era la primera visita de todos los participantes, a este lugar del mundo tan desolado. Después de una jornada exhaustiva en medio de un calor que parecía no calmarse nunca, llegaron a su destino —el desierto de Gobi. Viajaron durante veinte días en medio de un bochorno abrasador, entre enormes peñascos llenos de colorido que tenían 75 millones de años. Al principio, todavía encontraban habitantes del lugar que salían de cualquier parte y desaparecían de nuevo. De ellos adoptaron la costumbre de cubrirse la cabeza con lienzos de tela enredados como una bufanda, para poder mantener un cierto grado de frescura y para proteger sus rostros del sol. Todos los días encontraban más y más fósiles. Había una búsqueda incansable de fósiles y restos de animales raros. Kirk e Yvette, parecían saber detrás de cuál peñasco debían buscar y en dónde debían revisar el terreno.

Otras personas que lo intentaban no tenían éxito. Después de los primeros cuatro días, todos se dieron cuenta de que era conveniente dejar la tarea principal de búsqueda a Kirk e Yvette. De hecho, lo que estaba sucediendo era más sorprendente de lo que los miembros del equipo se pudieran imaginar.

Noche tras noche, Kirk e Yvette se iban a dormir en la tienda de campaña que habían instalado, con papel y lápiz listo cerca de sus bolsas de dormir. Desde la primera noche empezaron a tener sueños que parecía que se complementaban. La primera vez platicaron sobre los sucesos de esa noche, estaban tan emocionados que les era difícil no compartir sus descubrimientos con el resto del grupo. Sin embargo, a la larga, decidieron abstenerse de hacerlo. Yvette soñó que estaba en una cueva muy grande, sentada junto a una hoguera. En ese lugar estaban otras mujeres y algunos niños. Le tomó poco tiempo advertir que todas cubrían su cuerpo con pieles. Ella misma se identificó, a pesar del hecho de que era muy distinta a la imagen que se reflejaba en el espejo. No obstante, esto se debía principalmente a su vestimenta y a sus expresiones faciales. Sabía con certeza que se estaba viendo a sí misma en una vida anterior, en la que ocupaba un puesto importante en la pequeña tribu. Por las noches, cuando todos estaban ya dormidos, se sentaba y revolvía varias mezclas en unos tazones pequeños hechos de barro, algunas de estas mezclas se utilizaban para las enormes pinturas rupestres que las mujeres realizaban en las cuevas. Otras mezclas se utilizaban para pintar los cuerpos de los hombres cuando se iban de cacería, o en las frentes calenturientas de los niños enfermos. Todas las noches, los hombres regresaban con los animales que habían cazado durante el día. Las mujeres les ayudaban a quitar la piel de los animales muertos y a colocar la carne en una varilla larga que se colgaba sobre el fuego, y que se mantenía siempre prendido. El olor de la carne que se cocinaba al fuego, era tan real, que Yvette se despertó. Se levantó estupefacta y calentó un poco de agua en la pequeña parrilla de gas. Después se preparó algo de comer y volvió a acostarse junto a Kirk. Advirtió que éste estaba muy inquieto y que, de manera constante, se volteaba de un lado para otro; tomó nota en su mente para preguntarle a la mañana siguiente lo que había soñado...

Durante el desayuno, Yvette le empezó a relatar el sueño tan extraño que había tenido durante la noche, y advirtió que él se puso muy pálido. Ella se quedó callada...

Kirk continuó narrando desde donde ella se había quedado. Le dijo todo acerca de la cueva, de las mujeres que esperaban a los hombres y hasta de las pinturas rupestres que ella no se había tomado la molestia de mencionárselas.

Parecía que los sueños mancomunados describían un periodo diferente de vida, uno muy antiguo, durante el que ambos vivían en pareja en el mismo lugar. Durante los días siguientes, salían a excursionar. Yvette y Kirk sabían en dónde encontrar fósiles de titanosaurios y dientes de baluchisaurios. Los últimos eran animales que medían alrededor de siete metros y medio y pesaban 33 toneladas. Por medio de múltiples pruebas, calcularon la edad de los fósiles en 32 millones de años.

Al principio, Kirk e Yvette no tomaron los sueños con demasiada seriedad. Atribuían su suerte para encontrar fósiles, a una simple casualidad. No trataban de explicarse los sueños. Sin embargo, lo que sucedió tres días antes de que concluyeran su misión, los convenció de que, en realidad, habían estado en ese sitio con anterioridad. No fue la casualidad lo que los llevó de regreso a la zona en la que conocían cada tramo del terreno. Habían estado ahí y habían regresado para darle al hombre moderno los conocimientos de lo que estaba enterrado debajo de la tierra...

Ese día, Kirk e Yvette fueron a un viaje de exploración en su jeep azul todo polvoriento. Manejaron alrededor de las colinas áridas durante horas sin encontrar nada. De repente, Yvette exclamó: "Da vuelta a la derecha y detente". Se detuvieron a la orilla de un peñasco alto, al borde de un abismo enorme. Había una piedra muy grande en la orilla, ésta ocultaba un orificio pequeño y oscuro en la tierra. Con los zapapicos que llevaban, Kirk e Yvette ampliaron la ranura y con unas cuerdas se deslizaron hacia adentro. Descubrieron que estaban parados dentro de un espacio grande, iluminado por los rayos del sol que penetraban a través de los pequeños orificios del techo de roca. Yvette prendió su linterna y avanzó. De repente, en la pared que estaba frente a ella, vio las pinturas rupestres con las que había soñado las últimas noches. Cuando Kirk se acercó, Yvette pudo escuchar una inhalación profunda que salía de su pecho y supo que tampoco él estaba viendo las pinturas rupestres por primera vez. Por sus sueños, los dos estaban familiarizados con el lugar. Las pinturas eran especiales y diferentes de lo que habían visto o leído en los libros. Ésta era la mejor prueba del hecho de que no habían inventado todo, aunque hubieran querido que así fuera. Como científicos, para ellos, era muy importante saber que eran testigos oculares importantes. Sin duda alguna, el descubrimiento de la cueva también había sido, hasta cierto punto, obra del destino. Kirk e Yvette, por su parte, sintieron que después de millones de años, simplemente habían regresado a casa.

Una trampa de lodo

Alfredo Salvador escarbó entre las ruinas de su casa en un esfuerzo desesperado por recuperar algo de lo que el terrible huracán no hubiera destruido. Su esposa y su hijo de tres años habían muerto. Estaban entre las 7,000 personas que habían perdido la vida en el desastre natural más grande que aconteció en Honduras en 1988. Las lágrimas que Alfredo derramó la noche en que todo sucedió, ya se habían secado. Él sabía que aquello iba a suceder.

Alfredo había crecido en la ribera del río Choluteca, el mismo río que se había tragado a su hermanito Ricardo. Tenía tres años cuando murió, y Alfredo nunca olvidó lo mucho que su madre había llorado cuando sucedió, hacía 20 años. Rena Francisca, la madre de Alfredo, era una joven viuda que se había quedado con cinco hijos y la carga de mantenerlos después de que su esposo Jorge se había matado en Tegucigalpa, la ciudad capital, al caer del andamio de un edificio en el que trabajaba. No tenía una profesión, y por lo mismo, se veía obligado a trabajar en lo que se le iba presentando. El poco dinero que ganaba, se lo enviaba a su esposa que estaba en el pueblo, para que ella y sus hijos tuvieran dinero para comer. Su deseo era evitar que sus hijos corrieran con la misma suerte que los miles de niños que vivían en las calles de la gran ciudad...

Después de la muerte de su padre, que aconteció cuando Alfredo sólo tenía 15 años, él también se fue a la gran ciudad para tomar el lugar de su padre. Hurgaba entre los botes de basura de los restaurantes elegantes, se ganaba la vida limpiando los cristales de los automóviles de lujo de los comensales, y vivía en una caja de cartón en el tiradero de basura de la gran ciudad, junto con otros compañeros desamparados. Cuatro años después, regresó a casa cuando su madre consiguió trabajo en una de las grandes plantaciones de café de la región. Alfredo también buscó trabajo. La fortuna le sonrió, y lo aceptaron para hacer trabajo de agricultura en una de las plantas empacadoras que pertenecía a un hombre rico, quien, a diferencia de sus contrapartes despiadados, trataba de darles víveres, además del sueldo de hambre que les pagaba. Al año siguiente hubo una inundación. Los únicos sobrevivientes fueron Alfredo y su hermana mayor.

Después de dos años, Alfredo conoció a la mujer que sería su esposa. Le suplicó a Roberta que dejaran el lugar en donde había visto tantas muertes y desgracias, pero ella se negó. Cuando nació su primer hijo, Alfredo lloró toda la noche. Durante toda la semana lo acosó una terrible premonición. El sentimiento aumentó cuando su esposa le sugirió que le pusieran al nuevo bebé el nombre de Ricardo. Le suplicó que cambiaran el nombre, pero fue en vano. Vivían en una cabaña, de la mejor manera posible, pues los ingresos de que disponían eran muy escasos. Alfredo continuaba trabajando en la planta empacadora. Cuando el bebé tenía tres meses, Roberta le encargó el bebé a su madre y regresó a su trabajo en un plantío de caña de azúcar. Mientras más crecía Ricardo, más se parecía al hermanito de Alfredo. Le gustaba hacer las mismas cosas y también tenía la costumbre de llamar a su padre por el extraño nombre de "Illi", de igual manera que el pequeño Ricardo lo hacía antes de que muriera.

Alfredo creía en la reencarnación. Sabía con certeza que el alma de su hermanito había vuelto a encarnarse en su pequeño hijo. Eso le daba mucho gusto, pero nunca pudo sacudirse el espantoso sentimiento que lo había atormentado desde el nacimiento de su hijo.

Dos meses antes de la terrible inundación, Alfredo empezó de nuevo a tener pesadillas. Éstas empeoraron de manera implacable. Una semana antes de la inundación, Alfredo empezó a llorar todas las noches. Después de un día exhaustivo de trabajo, se sentaba a la mesa en la que no había comida, observaba a su esposa mientras trataba de dormir al niño, a pesar del hecho de que lloraba de hambre. Los pocos melones verdes que Alfredo llevaba a casa, no les proporcionaban sino dolor de estómago, y además de la barra de pan que les tenía que durar cinco días, no podían conseguir casi nada más de comida.

Tres días después, Alfredo decidió hacer algo al respecto. Salió del pueblo y pidió un aventón a la gran ciudad de Tegucigalpa. Transcurrieron dos días antes de que pudiera encontrar trabajo en uno de los restaurantes de la ciudad. Fue como un golpe de suerte y estaba feliz. Por fin le podría enviar dinero a su familia y hasta podía ahorrar un poco para enviar por ellos en el lapso de unos meses.

Más tarde, esa misma noche, enormes cantidades de agua inundaron el pueblo. El pequeño Ricardo y su madre, junto con miles de otras personas, quedaron enterradas debajo de toneladas de lodo. De manera milagrosa, Alfredo había sobrevivido, pero su vida había terminado. Regresó al pueblo para buscar su casa y ver lo que había quedado de ella. Después de escarbar entre las ruinas durante dos días, se puso de pie y caminó despacio hacia la ribera del río... Otra víctima anónima se unió a la larga lista de los muertos.

Lo que determina que una persona nazca en un entorno específico

Swami Bakta Vishta

Una persona nace a una vida de privaciones y sufrimientos y posee sólo unas cuantas habilidades, y tal parece que está predestinada para una existencia desdichada. Otra nace en el mejor ambiente, y las mejores manos y corazones la educan y la cuidan. Desde el principio, despliega señales de talentos valiosos en extremo. Es casi seguro que su curso de vida será una historia de éxito. Los que no saben lo que sucede, dirían que uno nació con suerte y el otro nació desafortunado.

Sin embargo, cualquiera que estudia la naturaleza, sabe que nada sucede por casualidad, y que todo efecto tiene una causa. Como regla general, las personas imaginan que los talentos y las habilidades "se heredan" de algún miembro de la familia, y no existe suficiente prueba que los convenza de otra posibilidad. De manera ostensible, los numerosos libros que se han escrito sobre la herencia, lo demuestran más allá de toda duda.

Aun así, a pesar de tal prueba, yo sostengo que los sucesos en los que la persona misma participó, son los responsables de crear sus talentos y habilidades, y no se los debe a la herencia de sus predecesores. En la actualidad, la persona es el resultado de lo que hizo en el pasado.

Existe algo en la persona misma que determina la razón por la que nació en un entorno específico, de la misma manera que ciertas flores se deben sembrar en lugares específicos para que puedan prosperar y florecer. Por ejemplo, una planta nativa de las regiones boreales o alpinas, no crecerá en las arenas del desierto. De la misma manera, hay algo en la persona que determina la razón por la que nace en un entorno específico.

Si se observa a la persona de manera minuciosa, se descubrirá que tiene una vida interior que incesantemente trata de expresarse a sí misma. Ésta no se puede transmitir por herencia, y su origen debe estar en vidas anteriores, y ahora desea expresarse.

Los padres no son los que engendran, en el sentido amplio de la palabra. Ellos son el medio que proporciona el material orgánico. Cuando, en este mundo, un alma entra en otra existencia física, el temperamento, la naturaleza y las inclinaciones de los padres se conocen de antemano. Por esta razón, los hijos reflejan la combinación específica de las características de los padres. Los padres no pueden crear el centro verdadero y absoluto de una personalidad, ni tampoco tienen el poder de interrumpir su desarrollo.

"Toda persona ya existía en todo lo que tenga que ver con la forma básica de su alma, puesto que desde el punto de vista espiritual, ninguna persona es idéntica a otra persona".

Las fuerzas que dan forma a un existencia específica, son el resultado de los factores que existían en su vida anterior. Si fuera verdadero el concepto de la herencia, eso significaría que cada vez que nace un niño, se formaría una nueva personalidad. No tendríamos el deseo impetuoso de expresar nuestra vida recóndita y secreta. Sin nuestra existencia íntima, y si hubiéramos sido creados por primera vez cuando abrimos nuestros ojos en este mundo, la vida nos parecería ajena y extraña, y éste es el caso. Cuando nace una criatura, no empieza su vida en esta tierra por primera vez.

Los errores de la vida pasada se combinan con la célula espiritual de la persona, y el campo del alma en la que se encuentra, entre la muerte y la nueva vida, es el lugar en donde madura el fruto. Ésos son los talentos y las habilidades que florecerán en la nueva vida y darán forma a la personalidad para que ésta surja como el resultado de lo que logró en su vida anterior. La vida se vuelve entendible para todos, cuando tratan de comprender lo que se dijo con anterioridad. Por supuesto que es imposible creer en todas las teorías, a menos de que algunas de ellas se puedan aprender por experiencia. Mi objctivo hasta ahora sólo ha sido presentar los hechos, como los ve el Profeta, de manera inteligente. Deseo que se adquiera un conocimiento claro de los hechos espirituales que he mencionado. El Profeta nunca pedirá que se esté de acuerdo con alguna afirmación antes de que se haya verificado. La vida no se puede descifrar, sino hasta que se reconozca que estas experiencias son auténticas.

Cuando sucede algo que ocasiona mucho dolor a una persona, ella lo puede percibir de dos maneras: puede pensar sólo en el dolor que se le ha asignado, pero de esta manera no sacará mucho provecho de la experiencia. Otra disyuntiva es que diga: "Soy aquel que en una vida anterior activé el poder que me ocasionó el tener esta experiencia, en realidad, yo me lo busqué". De esta forma, puede cambiar dicho aprendizaje en una experiencia útil, porque le ayuda a vivir una vida en la que no tendrá que pasar por una prueba semejante. Si se detiene y dedica un tiempo para pensar en el asunto, lo que sucederá es que imprimirá un sello en su estado consciente que le ayudará a abstenerse de hacer ciertas acciones, que de otra manera hubiera realizado.

Nadie puede negar el hecho de que "sobre aviso no hay engaño". Si una persona sabe que en una vida anterior activó el poder interior que le ocasionó experimentar un cierto evento, no se sienta, de manera pasiva, a contemplar lo que está sucediendo y culpa a su mala suerte. Por el contrario, sabe que está recibiendo lo que merece, y por lo tanto, almacena fuerzas y sale adelante con la contingencia, de una manera diferente de la que lo hubiera hecho si pensara que era una simple casualidad y nada más. Sabe que el evento que de otra forma hubiera considerado una fatalidad, fue necesario, y lo ve con esa perspectiva. Aprende a considerar las experiencias como algo necesario, deriva beneficio de ellas, y de forma gradual afectan en sumo grado su vida. Le ayudan en su evolución de forma sorprendente. Aprende la finalidad de la vida, penetra en el secreto de su existencia —la continuidad de la vida. Si tan sólo reflexionara en lo que ocurre con la vida entre el nacimiento y la muerte, lo vería como una ilusión.

Nadie puede darnos este conocimiento interno, pero todos lo podemos aprender. Alguien que nunca se enteró de la existencia de este conocimiento, no puede comprender lo convincente que es la prueba. Cualquiera que ha tomado conciencia de él, no necesita que alguien más le demuestre su existencia. Cada persona debe tener la experiencia ella misma. El camino está abierto para todos.

Más acerca de Egipto

La historia y la cultura del antiguo Egipto siempre ha fascinado a muchas personas. Todos nos maravillamos de las pirámides, de las esfinges y los templos, así como de la obra, *The Book of the Dead* (*El libro de los muertos*).

Una escritora de nombre Edna Faber escribió su autobiografía que tituló *Dubious Treasure* porque recordaba las pesadillas que tenía en su niñez cuando relacionaba el ruido que hacían las ruedas del carruaje. En su opinión, estos recuerdos ambiguos de alguna manera se vinculaban con Egipto.

Para poder examinar el fenómeno, fue a Egipto, y después escribió un libro, que también se convirtió en un musical, cuya trama se sitúa en la ribera del Nilo. Sus amplios conocimientos de ese país extranjero y del gran río que fluye a través de él, la impresionó grandemente, y también ha asombrado a muchas otras personas.

Heródoto, Platón, Plutarco y otros escritores antiguos hablaron de la reencarnación como una creencia generalizada que predominaba entre los egipcios. Algunas personas suponen que esta ideología llegó a Egipto a través de Persia durante la época en la que ésta conquistó y gobernó Egipto.

La doctora Margaret Marais, quien pasó muchos años investigando la cultura egipcia, aseguraba que esta opinión predominaba en Egipto mucho antes de que los persas aparecieran en escena. Ella escribió un libro titulado *The Splendor of Egypt*, en el que afirma que la reencarnación era una creencia aceptada y fundamental en el antiguo Egipto. Proporciona pruebas y testimonios de su tesis, al comparar los nombres de los reyes de la dinastía que significan: reencarnación.

La innovación de la teoría de la reencarnación se atribuye a Pitágoras, aunque mucha gente cree que, en Egipto, el origen de este concepto es mucho más antiguo.

Isaac Meyer, en su libro, *The Most Ancient Books in the World,* escribió: "La vida sobre la Tierra, desde el punto de vista de los egipcios, constituyó sólo una preparación para la siguiente etapa. Se consideraba que la duración de la existencia era eterna, empezaba mucho antes del nacimiento y continuaba mucho después de la muerte del cuerpo físico".

Índice

TÍTULOS DE ESTA COLECCIÓN

Adivinación y magia del antiguo Egipto. *E.L. Harris*
Ángeles. Cómo invocarlos y contactarlos. *Mark T. Halen*
Ángeles compañeros mágicos. *Silver Raven Wolf*
Ángeles protectores invisibles. *C.W. Leadbeater*
Cambios de la Tierra. Destino del hombre. *M. Pogacnik*
Canción de Arturo. *John Matthews*
Cosmología egipcia. *Moustafa Gadalla*
El camino de la virtud. *James Vollbracht*
El camino místico y la búsqueda del rey Arturo. *D. Bryce*
El Kybalión. Tres Iniciados
El libro completo de las pirámides. *Moustafa Gadalla*
El libro de los sacramentos. *E.J. Gold*
El poder de los lugares. *James A. Swan*
El retrato del maestro. *James F. Twyman*
El secreto del discípulo amado. *James F. Twyman*
El sendero de los ángeles. *Isabelle Padovani*
Encuentros con la virgen. *Adela Amado*
En la compañía de los ángeles. *David Lawson*
Evangelio de Quetzalcóatl. *Frank Díaz*
Jesús. El maestro constructor. *Gordon Strachan*
La enseñanza oculta de Jesús. *Ramiro A. Calle*
La sagrada magia de los ángeles. *David Goddard*
La torre de la alquimia. *David Goddard*
Las verdaderas enseñanzas y parábolas de Buda. *R.A. Calle*
Los ángeles. *Nadine y Daniel Briez*
Los ángeles sí existen. *Louis Gerard Boleaux*
Los evangelios. Claves e Interpretación. *R.A. Calle*
Los grandes iniciados. *Eduardo Schure*
Los grandes maestros de la sabiduría. *J.G. Bennett*
Más allá de la muerte. *David Hyatt*
Muchos caminos una verdad. *Carole Addlestone*
Nuestros compañeros espirituales. *Adam Bittleston*
Oración de paz. *James F. Twyman*
Primeros auxilios angelicales. Remedios para el éxito
Primeros auxilios angelicales. Remedios para obtener milagros
Tiernas historias de los Beanie Babies. *Pam Knapp*
Todo acerca de la reencarnación. *Robert Parish*
Tut-Ankh-Amen. La imagen viviente del Señor. *Gadalla*